生活勵志
067

人生苦短，把日子過好最重要

何權峰——著

高寶書版集團

自序

當主編告知書名提案時，老實說，對於「把日子過好」這句話，剛開始並沒有特別的感覺，後來靜下來想，才愈來愈有感觸。

我們常擔心煩惱，結果該發生的還是發生；不好過的日子，終究也會過去；我們被困在忙碌之中，忘了奮鬥的理由；走得太遠，卻忘了為什麼要出發；我們期待美好的未來，卻惦記著不愉快的過去，一再錯失了當下；我們以為來日方長什麼都有機會，卻到了為時已晚，才發現自己還有許多話來不及說，很多事來不及做，人生就這麼過了。

有位讀者來信說，十年前她看到我的一篇文章〈人生苦短，明白太晚〉，會心一笑，覺得有道理。沒想到這十年來歷經波折，至親離世，偶然間在網路又看見同一則文章時，心有戚戚焉，不禁流下淚。

我們一生都在等待，等有錢的時候，等有空的時候，等對方改變，等達成目標……日子總是黯淡陰鬱，而我們告訴自己再等等，等孩子再大一點、等退休以後，等我實現夢想……換句話說，我們一直等待理想的人生出現，根本沒有真正投入生活。每天都很賣力的過日子，卻從未真正過好每一天。

投入人工智慧（AI）領域數十年的創新工場董事長李開復，日前在台灣大學畢業典禮演講提到，四年前，他被診斷得了第四期淋巴癌，在接受治療的那段時間，不斷對人生反思，才意識到，終日追逐的事業、名聲，甚至等待了三十年終於到來的AI，對他來說都毫無意義。

他覺悟到，過去自己人生的優先次序完全本末倒置，忽視了最重要的事；如父親已去世，媽媽幾乎認不得他，而孩子不知不覺中都已長大。

一輩子，不過就幾十年，日子過一天少一天，過去的不會重來。我們無法仰賴每一天都「好」日子，唯一能做的是把每個日子「過好」。別想從前，珍惜眼前。不管有錢沒錢，把日子過好，你的子女、父母和家庭才會更好；不管有伴沒伴，自己過好，一個人可以快樂自足，跟人在一起人才能歡喜自在。不管如意不如意，把日子過好了，在混沌裡才能保有心靈澄清，在陰鬱中才能擁有風和日麗般的好心情。

把日子過好，比過好日子重要——因為幸福快樂來自於每天美好的感覺。

慧開禪師《無門關》：「春有百花秋有月，夏有涼風冬有雪；若無閒事掛心頭，便是人間好時節。」停下來，重新感受這個世界，用不同的視野欣賞生活，愜意的悠閒漫步，光著腳走在草地，坐在樹下發呆，享受微風輕拂，自在的任心飛翔；或者窩在房裡讀喜歡的書、聽喜歡的音樂，邀請朋友到家裡坐坐，鬆餅、咖啡、午後輕食……邂逅，久違的好日子！

目錄

PART 3

接納對方真實的樣子，而不是你希望的樣子

PART 4

傾聽內心，不要讓別人腦袋決定你的人生

PART 5

不要害怕過錯而錯過

PART 6

一切事情的發生，都是最好的安排

PART 7

多一點笑容，少一點你死我活

PART 8

得失相隨，福禍相伴，苦樂一體

PART 9

充實地過活，快樂地死去

快樂不是你以為需要那樣

PART 1

會失去的快樂，不是真正的快樂

為何旅行時很快樂，回到家卻快樂不起來？

大師：因為你獲得的不是真正的快樂。

你的假期結束了。在那幾天裡，處處碧海藍天的美麗景象。然而，當你回到家裡，回去上班上課，結果是：有一堆東西要整理、一堆衣服要洗、一堆功課習作要做，還有其他一堆報告、紀錄、雜事要處理。

度假的歡喜一掃而光，繁複的生活又向你撲來，讓你好想再出走。

我們可以在生活中看到自己經歷同樣的過程：到遊樂場、球場、電影院可以放鬆心情、暫時忘卻煩惱，甚至大笑一場。但是笑過之後，一切又回到原點。考試通過、升官加薪、旅遊度假……這些都曾讓我們雀躍不已，但要不了多久，快樂的感覺又消失無蹤。

再如聚餐喝酒、吃美食、大採購、吃迷幻藥等，這些享樂如同朝露和彩虹般，短暫且不能持久；靠別人給快樂，當別人離去時，快樂也煙消雲散；且隨後總伴隨沮喪失落。

人生的悲哀就在這裡：因為不快樂而追求快樂，即是問題的根源。我們整個人生都在不斷地追求。可是當你得到了，你真的就此滿足嗎？這種快樂能持續多長時間？這些歡樂能讓你開心多久？

如果快樂有個起點，最終還是會達到終點。當你說：「跟你在一起很快樂」或「出國旅遊好快樂」，表示什麼？若少了「那個人」或「那個地方」就無法感受同樣的快樂了。而因為「那個人」或「那個地方」

無法一直存在，你也無法保持快樂，對嗎？

你說：「等我通過考試，達成業績，被某人讚美，或是買到喜歡的東西，得到某人的芳心，體重再減幾公斤、出國旅遊……我就快樂。」你這麼說，等於承認自己現在是不快樂的。當你必須不斷向外追求快樂，基本上是在否定自己內心擁有快樂。

會失去的快樂，都不是真正的快樂。就像扛著漏底的水桶到遠處汲水，等回到家，水已經所剩無幾，因此又得反覆不斷地往返汲水。

別把短暫的歡樂，與永恆的快樂搞混了。最好在你往外尋找之前先看看你的內心。你開心嗎？你喜悅嗎？你知道快樂是什麼嗎？它就是歡樂，對萬事萬物都感覺歡喜，沒有任何原因的快樂。你去注意快樂的人，它們並不是最有錢，長得最美，或擁有最多的人。因為快樂不是來自我們擁有的東西，而是一種內在的湧現，就像水塔裡的水。如果水塔沒水，即使換了再多的水龍頭，還是沒水，只能不斷向外取水。

引自存在主義思想家齊克果的話：「一個人向外追求，認為他的快樂存在他的身外，最後他轉而向內，發現泉源是在他的內心。」不要一味地向外，你必須開始向內尋找。向孩子學習簡單的快樂，身邊的一草一木，一花一葉，一點小事物都能帶給我們最單純的快樂。無論是仰望星空，在雨中奔跑，還是午後意外偷得浮生半日閒，都欣喜雀躍。

一旦你能對平凡的自己感到快樂，那快樂就永遠與你同在：這即是永恆的快樂。

最簡單的快樂，最容易被忽略

什麼是獲得快樂最快的方法？
大師：放下你認為能使你快樂的東西。

我們總以為，如果我更有錢、如果我換不同的環境、如果得到夢寐以求的東西，我就能更快樂。只不過，每當這些「如果」實現的時候，往往什麼都沒改變。我還是同樣的我，只是處境不同。外在那些「如果」鮮少能讓人真正快樂。

當你還是孩子時，你愛吃糖果、冰淇淋，你說：「如果有吃不完的糖果、冰淇淋，我一定會樂翻。」現在你可以盡興地吃，你有樂翻嗎？

沒有。因為你想要更多：今天想要新鞋，明天想要新款手機，後天還想要名牌服飾……你的東西愈來愈多，你有更快樂嗎？

學生認為只要考上大學，日子就會逍遙自在；身邊沒有伴的時候，幻想著談了戀愛就會快樂；沒工作的人以為找到工作以後會更快樂，結果有嗎？員工常會想：「等我當上經理以後，我就會快樂。」他不知道，公司的經理也在想：「如果我成為董事長，我就快樂。」而董事長則想：「等公司擴展到全世界，我就快樂。」

但是他們真的更快樂嗎？不，就算全球性連鎖企業的總裁，也很難是快樂的。因為要管理如此龐大的事業，經常要坐飛機到處視察、聽簡報，還有開不完的會，累都累死了……即使體力和健康每況愈下，但是又怎麼能說放手就放手。他們開始羨慕起公司裡的員工，因為員工只要上班、領薪水，然後快快樂樂地回家睡覺，多麼輕鬆自在啊！

從小我們就被教育，要有錢、要成功發達、要汽車洋房以及這個那個。沒有人告訴你說快樂和這些無關，快樂不是在外在，而是在自己的內心。有錢可以買新車，豪宅，但是坐在車裡的，回到家裡還是同樣的你。物質可以改變生活，但不會改變你。

像英、美、法國這些富裕國家，在多個國際性的調查中，「快樂指數」的排名並不高，反而是不丹、越南、印尼、宏都拉斯、萬那杜共和國等其他較貧窮落後國家比較快樂。這種快樂不是來自於外在物質的慾望滿足，而是來自於知足。不在於擁有很多，而在於要求很少。

回想小時候，那時候的生活貧窮，人卻樂天知命。反觀那些物質充裕人，卻時常抑鬱寡歡，抱怨連連。為什麼？

因為我們都搞錯了，快樂並不是你以為需要的那樣。

曾讀到一篇報導：有兩位年輕女孩在人生面臨困窘時，參加了「國際志工服務團隊」，到柬埔寨擔任義工。沒想到當地小孩子和居民帶給她巨大的震撼，也顛覆她們對「快樂」的定義。

一群孩子滿心鼓舞的掌聲、擁抱，甚至不吝分享手上的小東西。原以為這麼貧困的居民，一定愁眉不展；但沒想到，他們竟笑得如此燦爛。當她們一行人去探訪愛滋病婦女村，有人詢問一位太太「最近最快樂的事情是什麼？」太太用一派輕鬆的口吻回答：「前幾天老公回家，陪伴我和孩子們，讓我很開心。」這樣平凡的事情，就是最簡單的快樂，卻最容易被人忽略。

其中一位女孩 Natasha 說：「我們總以為『快樂』是一件需要經過繁複程序才能獲得的東西，結果在他們的身上，才發現原來那麼簡單。」

快樂，就是放下你認為能使你快樂的東西。你現在就可以快樂，有人在阻止你嗎？

什麼都有，所以不快樂

我明明什麼都有了，為什麼還不快樂呢？
大師：因為人在福中不知福。

富人很難快樂，因為他們什麼都有，所以「沒什麼」值得快樂。窮人比較容易快樂，因為他們什麼都沒有，什麼都可以快樂。

其實你已經擁有不少了，但你的心卻不在已擁有的東西上，你一直在找尋那些沒有的。結果，你愈去想自己欠缺的，就愈發沮喪，而愈沮喪就愈會去想欠缺的。於是，你變得不滿，總是抱怨，這樣又怎麼可能快樂？

有一個富翁，非常地有錢，凡是能夠用錢買得到的他都有，然而他卻一點都不快樂。怎麼會這樣？他感到很困擾，於是將所有的貴重物品首飾、珠寶以及一生賺來的錢都裝入一個大袋子裡，然後他開始去旅行。他決定只要有誰能夠讓他找到快樂，他就把這個袋子送給他。

他找了又找，問了又問，直到一個村子，有個村民告訴他：「你應該去見見這位大師，如果他沒有辦法讓你找到快樂，那麼就算你跑到天涯海角，也沒有人能幫你了。」

富人非常激動，他見到了正在打坐的大師，他說：「我來是為了一個目的——我一生所賺來的財富都在這個袋子裡，如果你能夠讓我找到快樂，我就把這些都送給你。」

大師沉默片刻。

夜已降臨，天色正在變暗。

突然間，他從那個富人的手中抓起袋子就跑，富人一急，又哭又叫地追逐著。但是他是外地來的，人生地不熟，不一會兒就追丟了。

富人簡直快氣瘋了，他哭喊著：「天啊！我一生的財富都被劫走了，我成了一個窮人！變成一個乞丐了！」他一直哭，哭得死去活來。

最後大師跑了回來，將那個袋子放在他的旁邊，然後躲了起來。

不久，那個富人見到失而復得的袋子，開始破涕為笑，直說：「真是太好了！太棒了！」

於是大師又來到他的面前，問他：「先生，你現在覺得如何？覺得快樂嗎？」

富人說：「快樂，我真是快樂極了！」

那些到處尋找快樂，是把快樂遺忘的人。

比利時劇作家莫瑞亞珂．梅特林克，在他獲得諾貝爾文學獎的名劇〈青鳥〉中，描述吉吉兒和米吉兒兄妹倆如何地四處尋找理想中的青鳥，而找遍所有的森林後，才發現他們所飼養的那隻藍背的小鳥，就是青鳥。

我們總是不斷地累積，無止境地在追求，等待所有的理想都實現，等待一切問題都解決，等待那顆欲求的心被填滿，卻忘了手中已有的幸福。一味地追求快樂，卻忘了快樂就在我們身旁。

沒得到，才美好

為什麼每次吸引我的人，不是已經結婚，就是住很遠的？
大師：得不到的總是特別美好，看不清的永遠最美麗。

為什麼人們願意開著一輛四平八穩的轎車，跑去坐一趟上下顛簸的牛車？捨棄自己舒適便利的房子不住，到荒郊野外露營野炊？甘願大排長龍等上好幾個小時，只為買到新款的手機，或是吃上一口異國小吃或甜點？

因為沒吃過的東西總是被我們想成最美味的，沒試過的事往往是我們心裡頭最值得期待的，沒得到的東西一定是我們最渴望的。

以前有個同事，他看上一位小姐，兩人正談得感情投契時，那位小姐卻突然幾天沒出現。弄得他天天坐臥不安，請我們幫忙判斷她是否對他有意，打聽她最近為什麼沒來。

可是等他有點失望時，那位小姐又來了。就這樣，那位小姐來幾天又不來幾天，弄得他天天都心神不寧，望眼欲穿。

這世界上最好的東西永遠是沒到手的。為什麼沒得到的總讓人懷想？因為得不到，所以遺憾，而遺憾往往是最想要的。為什麼別人的另一半永遠比較好？因為得不到，我們開始幻想，將所有美好的特質，全投射在那個得不到的人身上，進而將之美化。也因為得不到，就看不清，夢想中的永遠完美無缺。

然而，問題也出在這裡，「既然得不到……怎會知道那是最好？」美化過的人事，渴望的東西，只有在得到後才知道。

我想起幾年前購屋的經驗。當時我去看一棟預售屋，因為緊鄰公園第一排，擁有大面積綠地，看了很喜歡，想回去跟家人商量，並沒有馬上買下。隔了一週，終於下定決心要買，再回去，才知道被人買走了。

這件事過了好一陣子，想起還會怨嘆自己當初沒當機立斷。只能空留遺憾！

直到有一回，鄰居聽到我喜歡那邊房子時，感到詫異。他們告訴我：那兒蚊蟲多，又吵，一大早媽媽土風舞的歌聲，邊走邊拍掌的阿伯，偶爾還會有半夜喝醉大聲咆哮的青少年……他們就是因為這樣才想換房子的。

顯然，在沒有的時候渴望著，要比真正擁有更美好。

你曾注意到這種現象嗎?當你很想買某個東西時，你會被吸引，頭腦也會不斷浮現這個東西，甚至還因此輾轉難眠。然而，當你得到這個東西後，過沒多久，你就忘了這個東西的存在。你現在穿的用的，衣服、鞋子、包包、電腦、手機、車子……，你是否還記得當時想得到它的心情，而今呢？

你渴望擁有這個女人，現在你得到了她；你喜歡那個男人，現在他是你的。還記得剛談戀愛時，甜蜜苦澀、既期待又怕受傷害的心情嗎？還記得當初為了這個人的瘋狂思念、魂牽夢縈嗎？

沒得到，才美好。就如同食物在聞到時比實際吃到時更香一樣，等到吃飽，就不再覺得美味垂涎。一件在逛街看到很想買的衣服，讓你朝思暮想，可是當被買回來，很可能一直被晾在房間的某個角落，甚至連標籤也沒剪下。

在《小熊維尼的道》裡，小熊提到牠對吃蜂蜜的期待：「在蜂蜜沾到嘴唇的那一刻真的好棒好棒啊。但其實事前內心充滿期待的那一刻，還沒沾唇的那一刻也很好，至少也是一樣好。」

各位瞭解我的意思了吧！美好的東西不一定得占有，留在夢想裡，或許更值得期待；留在懷念裡，說不定更長久。而如果一輩子都得不到，也會一輩子在心裡留下美好的印象。

重要的不是賺多少，而是過得多好

誰是世上最富有的人？
大師：知足的人。

金錢這個主題應該能吸引很多人。每個人都知道到賺錢，但可能很少人能真正明白金錢的意義。

在日常生活裡，錢除了可以購買物品外，它是實現經濟獨立的必要條件，也是讓人擁有更多選擇的自由，有錢確實美妙。當你點餐可以隨心所欲，在別人還在雨中等公車的時候早就搭計程車走了；有足夠的錢，還可以到處旅行，自己開公司，更重要的是，專心投入在你覺得有意義、感興趣的事物上。

那麼，錢賺多少才夠？「這什麼問題，當然是愈多愈好啦！」事實並非如此，通常你會發現，賺得愈多就花得愈多，所付出的犧牲也愈多。例如，薪資愈高的人，多半需要花在工作的時間就愈長，相對的，就愈少時間留給自己和自己所愛的人。

所以，重要的不是你能賺多少錢，而是賺的錢能讓你過得多好。這也是我要說的重點。如果你認為有錢才能過得好，那沒錢不就很慘？如果別人只因你有錢，就羨慕敬重你，是否一旦你破產沒錢了，別人也就看不起你？

以數字來衡量人生是一種很糟的觀點。正確的觀點，應該是把金錢視為改善生活品質，帶來幸福與快樂，這才是目的。把賺錢當目的，就變成金錢的奴隸。當你有了十萬，接著就會想賺一百萬，而當你有一百萬，那數字又會不斷增加，那是沒完沒了的。

人們總以為要賺更多錢、更高的職位、更大的房子……就能過更好的生活。結果在整個追求的過程，反而忘了過好生活。為了賺錢不惜犧牲自己的興趣、時間、健康與家庭關係，卻沒有想過，他們所犧牲的東西，正是自己希望能用金錢換來的。

我一直認為，用「最少」時間，賺「夠用」的錢，才是真正懂得生活的人。假設有一個人從事討厭的工作，只為了存錢每年到海邊度兩星期的假，那麼為什麼不在海邊找個薪水不是那麼高的工作，但可以每天都過得開開心心？

你需要錢才能生活，但是不需要很多錢就快樂。如果你有足夠的錢過簡單的生活，那麼許多額外的錢並不會讓你更快樂。因為讓你不快樂的原因是期待並渴求許多你所沒有的東西。

生命基本的愉悅很簡單，肉體沒有病痛，心中沒有煩惱就是一種愉悅，但是欲望則是永遠不會獲得滿足。一位記者問石油大王，也是全球第一位十億富翁保羅．蓋帝（Paul Gettey）：「您是全世界最有錢的人。您何時知道自己擁有的已經足夠了？」他想了片刻，說：「還不太夠。」

快樂不在於錢多或少，關鍵在你有些什麼樣的欲求。有人每月數十萬元不夠花，有人一、兩萬也可以活得很好……錢不多的時候，最重要的是把有限的錢花在最大的快樂上。當然，若能學會知足，內心自然富足。如同我母親常說的：「我什麼都有了，我什麼都不缺。」

做自己，
不盲目跟別人攀比

PART 2

做一個最好的自己，就是成功

貓比狗機敏嗎？
大師：貓擅長做貓，狗擅長做狗。

貓不可能變成狗，狗也不可能成為貓，沒有誰比較精明能幹，牠們都擅長於做牠們自己。

有些人先天對數理在行，有些人對色彩敏感，有些人語文能力強，有些人什麼都普普通通，但就是球類打得好；有人運動方面不行，卻是電腦高手。每一個生下來有不同稟賦，沒有高低，只是我們要如何去發現和表現。

我女兒是優等生，兒子則在畫圖、運動有天分，當有人拿他的成績跟姊姊比較時，他覺得沮喪，我提醒他：「姊姊擅長這項，你擅長那項，你們都有非常擅長的事。」

當他接受自己本來的面貌，開始做自己，別人也開始注意到他的才華。

地球上每一個人都比不上另一個人或另一些人。我知道我的文采不如我姊姊，畫圖不如我妹妹，投資理財不如我弟弟，對球類運動甚至不如我兒子，但我不會因此覺得自己不如人，人生也不會因此而黯淡無光。我明白我所遇到的每個人，無論是務農的，還是經商的，在某方面他們都比我強，但也有許多事是我會他們不會的。

人會覺得自卑，不如人，多半是以別人的「標準」來衡量自己，拿自己跟別人比，如此長期下來，很難不被挫折感吞沒，甚至開始懷疑自己的能力。不幸的是，這懷疑可能成真。

常聽到許多人抱怨：「我這麼努力，為什麼拿不到好成績？」「我這麼拚命，為什麼不成功？」有人為什麼成功，他為什麼那麼傑出，那是因為他的才能和天賦就在那裡。認識自己，是非常重要的。

管理大師杜拉克早就說過：「不要盲目追趕自己沒有的能力，應該充分發揮自己的強項，創造最大成果。」像籃球之神麥可．喬丹曾改打職棒，但是他的能力不在棒球，果然成績乏善可陳。

鹿橋的《人子》裡面有一則故事發人深省：在滿山遍野準備綻放的小花當中，只有一株幸運的小花被賜予可以選擇自己花朵顏色的權利，最後卻猶豫不決，想了又想，還沒來得及綻放就枯萎了。

世界如同一座大花園，每一個人都像一朵花，也許你是一朵小茉莉花，也許你是太陽花，也許你是梅花，也許你是玫瑰花。梅花的形體內，有梅花的生命特質，它就是梅花，而不是玫瑰花。每個人注定要照自己的本質去生活，你沒辦法變成別人，別人也無法變得像你或任何人。沒有為了想要成為狗而練習的貓，也沒有為了想要成為貓而練習的狗。你可以欣賞別人的優點和特長，但不必模仿或取代他們。

成功，不在於要變成什麼，而在於你這朵花有沒有綻放——做一個最好的自己。

優點即缺點，缺點即優點

完美主義是優點，還是缺點？

大師：優點即缺點，缺點即優點。

有個男孩對女友說，他們不適合，原因是她太有主見。他的一句話讓女孩難過了一陣子，以為有主見是一個缺點，女孩試著改變，讓自己學會順服，卻總是學不來。

直到遇到了另一個男孩，他告訴她說：我喜歡你，因為你很有主見。女孩才恍然大悟，原來「有主見」不是缺點。

優點與缺點並沒有「好壞」之分，也各自有優劣之處，它表現在不同情況下，你覺得它好，它就是優點；而你不喜歡，它就變成缺點。

文學大師亨利．米勒對人性必定十分透徹，他說：「我寫的關於某人的事，我知道後來也可以被我寫成完全相反的描述。」

以前例來說，一個人沒主見，看似缺點，但同樣的表現，如果他是忍人所不能忍，能忍辱負重，就變成了優點。有主見的人，看似獨立自主，有自己的想法，如果太過了，可能剛愎自用，目中無人，就成了缺點。

有位自律甚嚴的主管，紀律嚴明，對員工要求很高。在工作場合，這個作法還行得通。但是在私生活裡，就變得一板一眼，缺乏彈性，和家人關係很差。他搞不懂，為什麼他的作法在工作上無往不利，但是在家裡卻行不通？

原因很簡單，認真嚴謹，同時也可能嚴肅苛刻；一絲不苟，同時也可能吹毛求疵；積極務實，同時也可能不夠浪漫。如我們這樣對待家人，當然會引發怨恨和抗拒。往往，我們最引以為傲的優點，也是最失敗的一點。同樣，我們認為的缺點也許是最有利的優點。

一位事業有成的企業家有感而發說：「固執是我的優點，也是我的缺點。這性格讓我犯了不少錯，但若我沒了這特質，大概早就放棄，也不會有今天的成就。」我們總習慣否定別人的負面特質，卻很少想過，這其實也是他的正面特質。

愛情和婚姻最矛盾也在這裡：起初你在愛人身上所欣賞的特質，到最後往往成為你最受不了的地方。

例如，你欣賞女友聰明能幹，後來卻嫌她氣勢凌人；喜歡她的靦腆矜持，後來被說成沒見過世面；美豔動人，被批評是招蜂引蝶；對你噓寒問暖，關懷備至，最後變成了嘮叨囉唆，管太多。

再如，你喜歡男人忠厚老實，後來卻發現他個性軟弱，有點瞧不起他；你覺得他充滿男子氣概，讓你很有安全感，後來卻發現他做事衝動，讓你很沒安全感；他的幽默機智，風度翩翩，讓你大為傾心，但最後卻因他太有女人緣，而讓你忐忑不安。

正所謂「有一好，沒兩好」。優缺點是一體兩面，端看你選擇看哪一點。

醫院裡的護士阿芳的做法值得效法。有次她和先生吵架，又氣又惱，心裡不時湧現先生的缺點：自私（每天都工作到很晚才回來）、愛嘮叨（經常碎碎唸實在有夠煩）、懶散（他老是將東西隨便亂放、從不歸位）……

每當她抱怨起先生，數落他的不是時，她就強迫自己在筆記本上寫他的優點。例如，有一天晚上，她想到他口是心非的行徑，久久無法入睡。「阿興你這個王八蛋」她忿忿不平地想著，「總是跟我說要節省些，結果自己卻亂花錢。」

她忽然意識到這是折磨自己，她從床上爬起來，抓起筆記簿就寫下「解毒處方」：「那一次我K到了新車，他只是輕描淡寫地說：『意外總是有的，不然要保險幹什麼？』他實在也不算太壞，有些男人可能早就發飆。」

這個處方幫助阿芳從更宏觀的角度去看先生，她了解到，他有好的一面，也有壞的一面，就跟其他人一樣。

於是阿芳給自己泡了杯茶，坐下來細品，同時回想先生的種種。他是看重他的事業所以才晚回家的，而我不正是以他的成就為榮嗎？他愛嘮叨只是求好心切的表現；他是生活懶散，可是也因此他從不對家務和料理吹毛求疵。其實這些「缺點」不正是他的「優點」所在嗎？

沒錯，思及此，她不禁失笑。

你羨慕的人，也許正羨慕你

別人看起來，好像都比我過得好？
大師：看起來，只是「看起來」。

每天走在路上，我們經過一扇又一扇的門，每一扇門裡頭都藏著一個個不同的故事。或許是夫妻婆媳失合，或許親人病危，或許正經歷著波折和磨難，又或許是難以啟口的家門不幸。

前陣子，和一個老同學見面閒聊，話題談到同學先生外遇的八卦，他說這同學大學畢業就嫁給初戀的先生，從婚前到婚後一直都是讓人羨慕的對象，先生事業有成，不但體貼又多金，沒想到就在結婚二十年後，這個好好先生竟搭上夜店女公關，還生了小孩，最近正在打離婚官司。真沒想到！

你知道你的內在，而且只有你知道，沒有人會知道。當你看到別人外表，看見的也只是表面。外表是展示品，很容易騙人的。人們強顏歡笑，是不想讓人看穿心事，也省去解釋的麻煩。你羨慕別人，是因為你只看到他們讓你看到的部分。你永遠不知道別人的生活，各家有各家的難處，各人有各人的煩惱。

你看朋友嘻嘻哈哈的，但你對他的家庭了解多少？你看同學成績好，家人感情好，羨慕明星身材好，但你可知他們犧牲多少？人們欣賞湖面上悠遊的天鵝，只見牠高雅悠閒的模樣，卻沒看見湖面下拚命划水的雙蹼是多麼辛勞。

人們總是把自己好的一面示人，在社群網路上常看到網友將自己「美好形象」公諸於世；親友大多也是分享漂亮的旅行照片或高級餐廳用餐等經驗，向大家展示「我過得很好」，可是有誰知道真實的生活？

記得宋代有一位大官新入閣拜相，有人問他做宰相的滋味如何？他說做宰相就像穿新鞋一樣，外表是好看但內裡卻苦得很。有一個企業家，在年近七旬時遁入空門曾感慨說：「這輩子所結交的達官顯貴不知凡幾，他們的外表實在都令人稱羨，但深究其裡，每個人都有一本很難唸的經，甚至苦不堪言。」

所以不必羨慕別人，因為我們不曉得自己是否真的想變成他，就算他現在看起來真的很開心、很風光，誰曉得之後會是如何？

在河的兩岸分別住著一個和尚與一個農夫。和尚每天看著農夫日出而作日落而息，生活看起來非常充實，令他相當羨慕。而農夫也在對面，看見和尚每天無憂無慮的誦經、敲鐘，生活十分輕鬆，令他非常嚮往。因此在他們的心中產生一個共同的念頭，真想到對岸去換個新生活。

有一天，他們碰巧見面了，兩人商討一番，並達成了交換身分的協議，農夫變成和尚，而和尚則變成農夫。

當農夫來到和尚的生活環境後，這才發現和尚的日子一點也不好過，那種敲鐘、誦經的日子看來悠閒，事實上卻非常繁瑣，更重要的是僧侶刻板單調的生活，非常枯燥乏味，雖然悠閒卻讓他感覺無所適從。

另一位做了農夫的和尚，重返塵世後，比農夫還難過，面對俗世的紛擾、辛勞與煩憂，他非常懷念當和尚的日子。

你羨慕的人也許正在羨慕你。當你羨慕別人頭腦聰明、長得漂亮時候，也許他正在羨慕你圖畫得好、人緣好；當你羨慕別人事業有成，才華洋溢，說不定別人正羨慕你的日子悠閒，家庭美滿。別人擁有的可能是你夢寐以求，但你具備的也許正是別人望塵莫及的。只是你不知道而已。

幸福如人飲水，冷暖自知。你的幸福，不在別人眼裡，而是在自己的心裡。

想比別人幸福，所以不幸福

生活太累，如何輕鬆？
大師：不貪求，不跟人攀比。

要讓一個人不快樂最快的方法大概是和別人比較，你只要一開始和人比較，就註定很難快樂。

舉例來說：在年底打考績的時候，你的老闆對你讚譽有加，並幫你加薪，你開心極了。不幸的是，快樂沒維持多久，一個同事不小心告訴你，另一個同事加薪比你多，這時，你的喜悅就化為烏有，甚至感到憤怒與不平。

在跟別人比較之前，你是如此的開心滿意，你得到的錢是一樣，卻因比較變了調。比較讓人嫉妒，嫉妒讓人看不到自己所擁有的，只看到別人有的。

約在半世紀前，曾有人對一群猴子做一項研究。猴子原本和睦地生活，直到有一天，實驗者在籠子裡放了一件玩具。一隻猴子開始玩玩具，其他猴子起先只是好奇，後來卻開始互相嫉恨；最後開始打架，導致整個族群瓦解。

不論是哪一隻猴子拿到玩具，就會焦慮不安，時時提防其他猴子偷走玩具。沒有玩具的猴子嫉妒拿到玩具的猴子，不是氣呼呼地坐在一旁，就是使出各種花招偷玩具。在沒有玩具以前，猴子會互相梳理毛髮，一起快樂玩耍，但有了玩具之後，牠們卻滿懷敵意，互不信任。

猴子不快樂的原因不是玩具，而是因其他猴子有牠們沒有的東西。

那個人得到比我多，他買到的東西比我好，他的價錢比我便宜，他的男友比較體貼，子女比較孝順，成績、成就比我的孩子高……只要不斷地拿自己跟人比較，你就經常怨懟不滿，對嗎？

有一句格言說得好：「如果你僅僅想獲得幸福，那很容易就會實現。但是，如果你希望比別人幸運，那將永遠都難以實現。」因為人外有人，天外有天。你漂亮，還有人比你更漂亮；你有錢，還有人比你更有錢，你不能光靠不斷地獲得來擺脫嫉妒，因為你總是可以找到比你優秀成功的人。正所謂人比人氣死人。

停止無聊的比較，你就是你自己，別人是別人，根本沒有誰比不上誰的問題，為什麼要把自己的快樂建築在別人身上？

一個愛比較的人，必須先找到自信，否則就不可能停止嫉妒。當你覺得自信，就不必凡事一定要比別人強；你的價值來自於內在。不用站在軟弱的人身旁才覺得自己強大。那麼一旦站在強大的人旁邊，就會覺得自己渺小。

想找回人生的樂趣，就應該盡情享受眼前的美好，融入當下，不加評判或比較。想像一下，有個人去郊外爬山，沿路發現山櫻花開了，聽到鳥兒鳴唱，回途看到夕陽餘暉，但是他認為：「阿里山的吉野櫻比這美上千倍，冠羽畫眉鳴叫聲更悅耳，這裡的夕陽根本比不上八里左岸的夕照。」當他這麼想的時候，花頓時黯然失色，鳥語不再美妙，夕陽也不值得一看。如果他凡事都用這種比較，你認為他會快樂嗎？

人生最美好就是現在

為何在一個個願望實現後，幸福依舊沒有來？

大師：幸福不在某時某地，而在此時此地。

小時候，我們都憧憬長大。因為覺得等長大了，父母老師管不著了，想做什麼就可以做什麼。等我們真的長大，父母老師也的確管不著了，可是當初認為的幸福並沒有到來。反而開始懷念小時候無憂無慮的生活，覺得那似乎才是幸福。

在當學生時好像日子難熬，一離開校園，卻又懷念不已；在家時覺得父母煩，離家出外後卻很想念；獨身時急著找另一半，到了婚後又懷念獨身的美好；小孩時盼望趕快長大，年紀大了又渴望回到年輕……卻沒想到現在過的每一天，都是餘生中最年輕的一天。

一位機長指著飛機下方的村莊，對副手說：「當我還是打赤腳的孩子，我經常乘著竹筏在湖上釣魚。每次有飛機從頭上飛過，我都會仰望並夢想能夠開飛機。但現在我往下看，我卻夢想自己能在那裡釣魚。」

在當學生時也覺得，等我畢業一切都會愈來愈好。但事實不是這樣。我還是有同樣的責任。只是現在更多，又加上了工作壓力，熬夜加班，和其他一籮筐的煩惱。

還記得，我第一次感到寂寞，是在外地讀書的時候。我總覺得，若有女朋友，這些感覺就會消失。後來交了女友，但事與願違。她經常情緒化，所以到最後我除了要應付自己的情緒，還有她的情緒。

當小孩出生照料辛苦，我告訴太太說：「等小孩會走路、會自己吃飯就輕鬆了。」然而妙的是，當孩子長大後，我們卻希望時光倒流，重新來過：「孩子們小時候那段時光多快樂啊！」「我真懷念他們還是寶寶的階段。」我們總以為「將來」一定比現在更好，之後又覺得「過去」比現在幸福。我們並沒有把焦點放在眼前，而是把注意放在未來，或是懷念過去，因而錯失了當下的時光。

活在現在，你所在之處，你所在之時，活出現在的自己。我常提醒學生，如果你是一個醫學生，不用等到成為醫生之後才開展美好的生活。如果你單身，不必等到結了婚才享受人生。如果你是上班族，不要等到放假、達成業績或退休才體驗生活樂趣。生命一旦過去，將無法從未來得到彌補，人事再也無法重現。

我也是這樣教育子女的，該玩樂的時候玩樂，該讀書時讀書、談戀愛就去戀愛。在每一個年齡，就做那一個年齡該做的事。如果你把一切都打亂，這樣不僅會搞砸你現在的人生，到了未來也會後悔。人們經常說：「如果人生可以重來，我希望……」「如果能再年輕一次，我們要去做……不同的事。」為什麼這麼說？就是因為他們錯過那個年紀該做的事。

人生最美好就是現在。是的，即使你覺得過得馬馬虎虎的日子，等將來回顧現在這一刻，你可能會說：「好懷念那時候（即現在）」，只是再懷念也回不去。

PART 3

接納對方真實的樣子，
而不是你希望的樣子

尊重每個人的獨特性

要怎麼與人和諧相處？
大師：順其本性。

情侶分手，夫妻離異，經常歸咎於個性不合。究竟什麼是個性不合？個性合的人相處不會有問題，所以，相處有問題的人就是個性不合。是這樣嗎？

當然不是，這世界，沒有兩個完全個性相同的人，即使是雙胞胎，都有其獨特和差異之處。就算同一家庭被相同父母撫養長大，感受與想法也不一樣。所以，個性不同不等於不合，無法接納差異，才是問題的根源。

當相處出問題，不要這麼快速以為只是個性不合，沒有遇到「對的人」。想想看，有沒有可能是自己的問題？因為有很多「南轅北轍」的人，在一起也合得來。

「若說個性不合而要分手，我們不知已經分多少回了，」一位太太談起二十年的婚姻，有感而發：「其實我們個性真的差了十萬八千里，我內向不喜愛交際，我先生外向好動，喜愛往外跑；我有點潔癖，我先生比較雜亂；他個性很急，而我卻慢半拍，可是我們很少因不合而吵架。我想可能是因為我們瞭解對方的個性，有時願意相互配合、也容許給對方空間、不惡言相向就是了。」

以前例：有潔癖的那個人確實會為雜亂所苦，而雜亂的人也為潔癖所困，於是有潔癖的那人，看起來像時常在抱怨，雜亂的那人則看起來就像老是犯錯。這兩人就無法共存嗎？換個角度，兩人個性相同就一定沒問題嗎？只要想想兩個都有潔癖的、都急性子的、都雜亂的，結果會如何？

一個愛花錢，另一個是購物狂，這兩個人看來很合，但很快就沒錢。兩個人都是完美主義，很可能互相折磨；如果雙方都很有個性、很堅持，很多問題永遠無解。

有位新婚同事告訴我：我覺得兩人個性太像也不好，像我很容易緊張焦慮，好不容易才克服，可是現在我先生比我還要神經質，結果他一緊張起來，我潛在的個性通通被觸發。

我們要學習的是尊重。畢竟，一個人的性格，不是一天形成的。一個人的習慣，是在他成為你夥伴前就已經存在的。

很多人常把包容和尊重搞混。包容是去忍受，失去自我，在一起當然受苦。尊重是接受。只要是出於另一個人的思想與感覺都接納，即使作風不同，也可以接納別人。即使你不贊同或不喜歡，你也尊重，就像你希望對方尊重你一樣。

我最常建議、而且很有效的方法是，與其試著改變你的伴侶或是改變自己，不如從那些不同點去看，可以從彼此身上學到些什麼。透過這個「與我們截然不同的人」，得以看見生命的複雜、豐富、獨特，以及看清自己內心的缺陷。學會接納，學會處理衝突，學會如何與另一半相處。

一位讀者跟我分享，在她參加過一門與夫妻溝通的課程之後，整個人豁然開朗。每當她開始覺得先生「應該這樣才對」的時候，立刻提醒自己放開那種想法，只是很單純的去接受對方。「我們不再像以前那樣怒目相向……這種鬆一口氣的感覺真好！」

人是要有自覺、自省的，你有沒有想過，當你沉浸在關係美滿的當下，與你共處的那人，是否有同樣的感覺？還是必須有一方成全，才能讓你滿意？

放下，自己永遠是對的

如果爸爸媽媽吵架，我要站在哪一邊？
大師：站旁邊！

人最容易犯的錯就是：以為自己才是對的。人為什麼難溝通？因為太堅持自己的看法。也就是說，「我們只想要別人的理解，卻沒想過去理解別人。」如果別人不同意我們的觀點，就認為對方無法溝通。為什麼衝突不斷？因為認為「我是對的」，所以才會固執己見，毫不相讓，爭論、對立、衝突也由此而生。

人們常生氣的原因也在這裡。如果你不是認為自己是對的，別人是錯的，也不會那麼生氣，對嗎？

每個人都用自己腦袋中的觀點去解釋別人眼中的事物，問題永遠沒完沒了。

你說：「這件事應該這麼做，你怎麼不知道？」那是因為透過「你的觀點」。而對方說：「不對，你怎麼這麼做？事情應該那麼做！」這是「他的觀點」。如果兩人都「自以為是」，就會覺得「為什麼對方不講理，老說不通？」

我們生活的戰爭，就是這樣引爆的。事情應該這樣，工作應該這樣、先生應該這樣樣、太太應該這樣、媳婦應該這樣，還有你應該這樣……這就是我們每天面對的戰爭，不是嗎？

電視八點檔的本土劇重播，一時興起就看了一段，我發現其中有個共同點：「裡面出現的人都很自以為是。」劇中人物陷入激烈糾葛與衝突，完全沉溺於自己的想法，把問題錯怪到別人身上，沒有人反省自己，一心期盼對方先改變。

幾個月後，我偶然再看那齣連續劇，沒想到糾葛依舊持續，整整兩百多集，劇情卻沒有任何變化。哈哈！我懂了，如果人們不堅持自己才是對的，問題不就解決了，那不就「沒戲唱」？

這些年，我愈來愈不喜歡跟人家爭辯。本來每個人的觀點就不同，你有你的見解，我有我的想法，為什麼非要爭個對與錯，甚至魚死網破？

人與人相處，不是在處理「誰對誰錯」的事，而是在處理「兩個都對」的事。把這句話牢記住，如果想有好的溝通，就不該把自己的觀點強加於別人，而是想瞭解別人是怎麼看事情。然後你就不會用你的觀點去看對方了，而是會對彼此懷抱著很大的善意。

環視我們周遭，想想所有我們認識的人，最不快樂，最不友善的人，就是那些「自以為是」的人。他們無法理解別人是以不同的方式看世界。相反地，那些了解「我的觀點」不是「唯一觀點」的人，幾乎總是最友善、最寬容、最隨和，最快樂的人。

試試看，在表達你的觀點前，先認同別人是對的。你可以這樣說：「你是對的，我想進一步瞭解你的想法。」然後再說出你的看法，這麼做奇蹟就會出現。

不要把「不是我的方式……就是錯誤的方式」要常反躬自省：「我認為應該怎樣，別人就應該這樣嗎？」「對我有意義的，放在別人身上，也有意義嗎？」

有時候，別人看起來毫無道理可言，他們只不過是出於一套與我們不同的觀點，或者是看到了我們沒有看到的事。就像螃蟹橫著走，也許牠以為自己走的是直的。不要以為自己心中那把尺一定是直的。

只有自己可以改變自己

我要怎麼改變他？
大師：先改變自己。

一提到愛情和婚姻問題，很多人都把焦點放在對方身上，強調對方應該如何改變。但事實上，我們無法改變任何人，除非他自己願意改變。

你可以回想一下，為了改變別人的言行舉止，做了多少努力。你曾對別人嘮叨、訓斥、責罵、貶損、威脅、懲罰……然後呢？有任何建設性或改善嗎？

常有人問我感情問題，總會聽到一句話：「為什麼他不會改變？」或是「我要怎麼改變他？」

「你要先改變自己。」每當我這麼說，很多人就會抱怨：「為什麼要我改變？錯的人、有問題的又不是我。」「那對方呢？難道他什麼都不用做？」我們常以為自己有誠意解決彼此的相處問題，但如果你自省，我們真正有興趣的就只是要改變別人，那就是為什麼對方一直沒變。

改變是一種意願，沒有人能不獲得別人的同意而改變他們。你可以臉紅脖子粗的跟他們說教，責罵他們，威脅他們，但只有他們自己才能控制自己的行為和態度。就好像你可以牽一匹馬到水邊，但你沒法強迫牠喝水。你可以強迫他聽你說話，卻不能強迫他聽你的話；你可以為他人寫劇本，但無法強迫他配合演出。

以前，我很看不慣小孩進門鞋子亂擺，曾多次提醒，但問題依舊。

算了，既然在意的人是我，我就自己擺好了，我心想，畢竟「看不慣」的人是我。於是，每次回家我會把所有鞋都擺放整齊。

讓人驚訝的事情，幾週後，孩子竟自動的把鞋子擺整齊。這情況到現在仍維持。真是太棒了。當啦啦隊要比糾察隊更有效。

這個道理再清楚不過。想想看，假使你自己都不能為自己改變，那別人又怎能為你改變呢？

哲學家詹姆士．艾倫的說得對：「浮躁狂熱的人總是迫不及待想要指導他人的行為，但是智慧之人卻總是先檢點自己的行為。如果有誰想要改變這個世界，那麼，他首先需要改變自己。」

我完全同意，唯有經歷過轉化的人，才能轉化他人。如果有什麼品質是你希望你的伴侶或小孩擁有的，你自己先表現這種品質。如果你告訴人們該做什麼，他們通常只會把你的話當成耳邊風，可是，如果你親自做給他們看，結果就大不同。他們會了解到如果你能改變，那他為什麼不能改變呢？

以你所需要的同樣溫暖和體貼待人，刻意做你希望對方為你做的事，就這樣，當你不再試著去改變，往往帶來很大的改變。

放手，讓孩子走自己的路

我的小孩不愛讀書、不聽話怎麼辦？

大師：放了牛，他們自己會吃草。

當你不想跑步，卻有人叫你一定要跑步時，心裡會有什麼感覺？當別人告訴我們該做什麼事情的時候，我們會不高興。沒有人喜歡聽命行事，當我們接到命令、批評，最常見的反應是憤怒，由厭惡演變為頑強對抗，或是消極不配合，雙方都搞得很挫折。話雖如此，我們還是喜歡發號施令，指示別人該怎麼做。

我同父母對談，話題常提及自己孩子不愛唸書、不聽管教，所以希望我可以幫忙開導，而每次面對這樣的情況時，我其實心裡相當清楚，眼前最需要開導的人並不是孩子，反而是這些父母。他們認為孩子只要聽話，親子問題就不會發生；以為可以使孩子變成想要的樣子，這才是整個問題的根源。

我們從不去看孩子真正的樣子，不去聽孩子內心的聲音；我們反而把他們拉進我們內心戲裡，一直嘗試強迫他們進入我們設定好的模式。這就像鞋店老闆，只進適合他的腳的鞋子，卻希望別人購買。

小孩面臨一個兩難的局面；他抗拒那些他所愛的人，同時認為那些人也愛他。但奇怪的是，那些愛他的人並不愛他本來的樣子，而是一再想改變他。

父母常會用自己過去的經驗，規劃孩子的未來人生。他們說：「只要遵照我說的路走，只要聽我的就沒錯。」問題是，我們真的知道什麼是對他最好的嗎？如果完全按照我們的路走，就不可能走出自己的路，看不到其他的風景，顯現自己獨特的風格；……更遺憾的是，到老時，很可能後悔沒有做自己想做的事，沒有過自己真正想要的人生。

「我還不是為他好！」父母都出於一片善意，這點我絕對相信，只不過如果我們真為孩子好的話，就應該幫助孩子去展現他的生命，幫助孩子走自己的路，而不是我們的。

想去改變別人和幫助別人之間，有一個很大的差別。當你幫助他人時，你幫助他們成為自己；當你企圖改變某人的時候，你試著把他變成你要的樣子，你對他本來的樣子沒有興趣。

想想看：你接受別人本來的樣子嗎？或者你保留你的愛直到他們變成你想要的樣子？如果他們永遠不改變呢？難道你永遠不愛他們了嗎？

親愛的父母親們，試著再多給孩子一些信任並放手吧！人生漫長的路要靠自己走，困難也得靠自己解決。這樣孩子才能學會負責，才會有自尊跟自信，人生才會有意義。年少時期總會犯錯，這樣是學習的必經之路，不要在不經意間把你們的深愛變成一種阻礙，讓孩子正要飛翔時又折去他的雙翼。

父母太嚴管太多的孩子們，也試著多一點理解，要明白父母也曾是個孩子，他們也曾被這樣對待。那些一心一意控制小孩的，家庭的互動通常也有類似問題；愛批評孩子的人通常都在好批評的家庭長大，所以很難想像還有別的方式跟家人互動，在某種層次上，那也是他們對待自己的方式。

聖修伯里說：「心中熱切渴望幫助他成為自己，這就是真愛。」愛即是接納對方真實的樣子，而不是你希望的樣子。當你放下期待，你會發現他們變得可愛多了。

愛人之前，先愛自己

要做什麼才能愛自己與被愛？

大師：你不需要做什麼，就可以愛自己，就像父母愛那剛出生的寶寶，寶寶不用做什麼就能得到愛。

每個人都渴望自己被愛，問題是：你愛自己嗎？你認為自己值得被愛嗎？如果自己都不愛自己了，怎麼去要別人愛你呢？

愛自己，從不自我批評、不比較、接受自己開始。貓熊不需要刻意討好，就討人喜愛；向日葵不必跟蘭花比高貴典雅，蘭花不必羨慕向日葵活潑朝氣；愛自己就是按你的現狀來接納自己，去找到你的獨特性，愛你的獨特。當你活出自己獨特之美時，自然散發自信的魅力。

為什麼愛人要先從愛自己開始？

如果你只愛對方，你會做盡一切對方喜歡的事，想盡辦法去迎合、討好、遷就，漸漸讓自己變無能、無助、無力，甚至失去了自己。換句話說，你是在「求人」，你把自己交給了別人，讓別人來操縱你。

想要活得快樂有尊嚴，就要學習「不求人」，並開始反過來「求自己」。怎麼「求自己」呢？就從「愛自己」開始做起。當你懂得看重自己，重視你的價值和內心深處的感覺，別人才會重視你，珍惜你。當你學會愛自己，在乎自己的需求，你的需要才會得到滿足，就不必依賴別人而活。

只有自己擁有的才能給予。你必須先照顧好自己，才能照顧好別人；先擁有快樂，才能給予別人快樂。比如你的愛是一杯水，當你把它分給別人，杯子裡的水就少了。所以，你在給出愛的同時，也會期待別人回報。當你掏空自己，卻沒得到回報，就會非常失望，犧牲愈多，怨恨就多。

反過來，你不斷給自己更多愛，把杯子裡的水填滿，水滿自溢，滋潤著你身邊的人，你滿懷歡喜，根本不需要任何回報。

人們希望從別人身上得到愛，就是愛最大的錯誤。像是沒安全感的人，就會想找一個能給他足夠安全感的對象；但沒有「安全感」，相對沒有自信，也會對人不信任，又如何有安全感？有些人不喜歡自己，即使擁有了愛情，擁有了全世界，也不會喜歡自己，甚至懷疑別人的愛。

你無法從別人身上得到你尚未給予自己的東西。記住，用你希望別人對你的方式善待自己、照顧自己，這才是真正「愛自己」。

做到不再需要別人，也能幸福快樂。一個人是快樂的，兩個人在一起才會是幸福的。

傾聽內心，
不要讓別人腦袋決定你的人生

PART 4

不要讓別人的眼光決定自己的樣子

怎麼做才能真實表達自己，輕鬆做自己？
大師：當你不再需要別人認可。

如果你問我做人最重要的是什麼？我會說就是「做自己」。為什麼人不能做自己？因為我們從小就在「別人期待」的環境下長大，父母或撫養者總不斷地給我們評價，拿我們和別人作對比。這就造成了，以別人的評判來看待自己，想要得到別人認可，試圖去滿足別人的期待。

我母親會怎麼想？我父親會怎麼想？人們將會怎麼想？還有我的太

太、先生、孩子、師長、三姑六婆？

萬一我說出自己的想法，做自己想做的事，會發生什麼樣的事？別人還會認同我？喜歡我嗎？他們會不會離開？會不會生氣？

由於過於在意別人想法，才會一再討好別人，失去做自己的勇氣。

一個討好的人常疲於應付和別人的關係，是因為總是解讀對方的心，老是擔心對方有什麼反應，所以覺得很累。常在不知不覺中，把生活過成了別人的日子，戴著偽裝的面具，活在別人的期待裡，當然不快樂。

那麼，要如何做自己？

「做你覺得正確的事，而不是你猜想別人喜歡的事，」剛當主管時，有次與員工意見分歧，任務滯礙難行，一位前輩告訴我，「情願當個有人愛有人罵的人，也不要當一個面面俱到的人，因為當你想要面面俱到，就會耗費心力在兼顧每個人；顧慮他人就無法活得真誠，討好他人到頭來往往裡外不是人。」後來，我想通了，是我先不認同自己，才會拚命地追求他人的認同。我無法做成自己想做的事，是因為做了太多我不想做的事，怪不得人難做、事難成。

所以，每當孩子遇到人際關係的困擾，我總是一再提醒：不要去解讀和猜疑，直接去問對方的想法吧！

而你自己呢？這是不是你想做的？你做這些事會開心嗎？就算你現在還沒有答案，我希望你也要記得問自己，跟隨自己的心。

記住，以下「三不原則」：

不要覺得依照自己的意願行事有罪惡感。鞋穿起來舒不舒服只有自己知道；沒有人比你更瞭解自己的處境和內心最真實的需求。

不要一廂情願去迎合別人。你不知道別人怎麼想，也管不了別人怎麼想。一百個人不只有一百種想法。你無法討好每個人。**不要讓別人的腦袋決定自己人生。**想從別人的嘴裡找到價值，就永遠卑微；想從別人的眼裡找快樂，就永遠悲哀。

完形治療法的創始人皮爾斯寫道：「我做我的事，你做你的事，我活在這世界上不是為了你的期待，而你活在這世界上也不是為了我的期待。你是你，我是我，如果在偶然間，我們發現了彼此，那很美好，如果沒有，那就算了。」

這是你的人生，你只需要按照自己的意願，開出自己喜歡的花。當然，也放手讓別人做他自己，讓花園更繽紛多彩。

跟著自己的內心走

要怎麼找到「對的人」？
大師：順從你的心。

有些人常常會問別人：我該選擇什麼樣的生活？我該選擇什麼樣的對象？我該選擇什麼樣的工作？這件事我該怎麼做？

其實，最該問的是自己，問自己的內心。

話說有個小男孩，常常抓自己的頭，有一天，他爸爸看他又在抓頭時，忍不住問他：「我說兒子啊，你幹嘛沒事老在抓頭呢？」

「這個嘛，」兒子回答：「我想那是因為我是唯一知道我的頭在發癢的人。」

自己感覺只有自己最清楚。當我們握緊拳頭時，有誰知道我們的感覺？沒有人知道。因為別人可以看到我們握緊拳頭，卻不知道我們的感覺，同樣地，當別人握緊拳頭時，我們可以看見，卻一樣無法得知他們的感覺。

當你心情鬱悶的時候，你知道；當你滿心歡喜的時候，你也知道，那是你自己的感覺，你心裡很清楚。別再讓別人說的話影響，開始傾聽內心的聲音，那才是最好的指引。

我讀過催眠大師艾瑞克森的一個故事：當時他是個孩子，在每個農莊都進一些新牲畜的季節裡，一匹迷途的馬走進他家莊園，由於馬身沒有烙印，無法辨識是哪一家的馬，而周圍荒野又是如此遼闊……樸實的莊稼人都在發愁，要怎樣把這匹走失的馬送回牠主人那裡呢？艾瑞克森說他可以做到。在眾人驚訝的目光中，少年艾瑞克森翻身上馬出發……

艾瑞克森後來說他當時只做一件事，每當那匹馬在路上轉頭吃草或無目標地閒蕩時，他就夾夾馬肚，催促著馬上路。而每來到一個岔路，艾瑞克森就放鬆自己什麼都不做，馬會東聞聞西嗅嗅，然後自己踏上一條路……就這樣，維持著馬在路上，同時放手讓馬決定往哪個方向……當那匹馬終於到達幾英哩外的農莊時，農莊主人問：「你怎麼知道這馬是從我這裡跑出去的呢？」

「我並不知道，但是馬自己知道。我所做的不過是讓牠上路而已。」艾瑞克森解釋道。

遵從內心的指引。很多時候，我們會感到迷惘、感到不安、感到難過，不知何去何從，那是因為我們沒有傾聽心聲。我們心都習慣向外看，不去看自己內心真正的需求，不去面對自己內心真正的感受。

股神巴菲特的父親從小對巴菲特說：「孩子，尊重你自己的感受。」

蘋果執行長賈伯斯送給畢業生的經典名言：「你們的時間有限，不要浪費時間活在別人的陰影裡……不要讓別人的意見淹沒了你內在的心聲。最重要的，擁有跟隨內心與直覺的勇氣，你的內心與直覺知道你真正想要成為什麼樣的人。任何其他事物都是次要的。」

沒有人知道你內心感受到的是什麼，只有你自己知道。所以，試著問問自己：「我內心有什麼樣的感覺？」或是進一步問自己：「我到底喜歡什麼？我要的是什麼？」讓快樂成為你的選擇與指標，心裡自然就會有答案，你只需跟著自己內心走。

愛會變，天長地久不一定好

兩個相愛的人不能在一起，怎麼辦？

大師：不能在一起，就不能在一起。想留的不會走，要走的留不住。

真愛就意味著天長地久，這是關係裡普遍的迷思。我們認為自己不會變，也認定對方不會變，假如有一方變心的話，很自然就認為那不是真愛。

然而，如果跟不適合或不愛你的人天長地久，就是真愛嗎？

為什麼當情侶發現另一方移情別戀，往往會帶有憤恨的情緒。憤恨對方的背叛、絕情、不道德，像犯了滔天大罪一般，甚至採取報復手段。源頭就在這裡，如果我們不認為愛情必須從一而終，海枯石爛，也就不至如此死纏爛打，痛不欲生。

「對待感情要忠誠。」這話應該很少人會反對。問題是，該如何忠誠？如果選擇跟隨自己的內心，忠於自己的感覺呢？

捫心自問，如果有更好的對象，更優秀的人選，你真的能做到絕對不變心嗎？好，就算你做得到。但是，如果你的男女朋友想做一個更好的選擇，是不是也是可以理解？

有個女孩失戀了，終日以淚洗面。她想不通為什麼如此相愛的兩人，如今彼此之間竟然失去了交集，變得貌合神離。

她每天向上天禱告，希望能跟男友重修舊好。

仁慈的天神聽到了她的心聲，於是出現在她的面前，對她說：「我能夠實現願望，讓他回到你的身邊，永遠愛你。」

女孩聽了欣喜若狂。

但天神猶豫了一下，又對女孩說：「但是……你真的要這樣嗎？你要不要稍微考慮一下？」

「為什麼？」女孩不明白。

「因為我雖然能保證他永遠愛你，卻沒有辦法保證你會永遠愛他。」天神解釋：「因為愛或不愛，只有你自己的『心』可以決定。」

女孩又問：「那麼，如果有一天，我不愛他了呢？」

「他還是會深愛著你，這會讓他痛苦，也會讓你痛苦。」

聽天神這麼說，女孩猶豫了起來。

天神笑了，摸摸她的頭，說：「孩子，如果連你自己的心都沒有把握，又怎麼能奢望別人的心永遠不變呢？」

當你愛一個人的時候，不能欺騙，或強迫自己不愛她；同樣的，當你不愛一個人了，也無法勉強自己去愛她，或假裝愛她。因為愛或不愛，只有你自己的「心」最清楚。

如果有一天，你不愛他，他還是會深愛著你，這會讓他痛苦，也會讓你痛苦。反過來，他不愛你也一樣。如果你還愛對方，何不放他自由？而如果你不愛他，為什麼不放自己自由？當一個人的心已經不在你身上，就算在一起又有什麼意義？

所以，與其祈求愛人不變心，不如讓彼此都跟隨自己的心。當愛來臨時，享受愛情；愛離去時，欣然放手，讓愛簡單、真誠、自由。你不覺得這才是真愛？

這一生，你是否了無遺憾？

為什麼我怕老，又怕死？
大師：你真正害怕的，是自己還未活過。

起初，我想進大學想得要死；隨後，我巴不得趕快大學畢業好開始工作；接著，我想結婚、想有小孩又想得要命；再來，我又巴望小孩快點長大去上學，好讓我回去上班；之後，我每天想退休想得要死；現在，我真的快死了……

忽然間，我明白了，我一直忘了真正去活。

一位無名氏所寫的一段文字：短短幾句話，但卻要用一輩子感悟。你是否也曾認真細想，自己這一生是怎麼過的？

年少時，凡事都得聽大人的，無法自己作主；長大後，必須面對升學競爭、工作壓力，以致身不由己；結了婚，又發現婚姻生活困難重重；直到做了父母，又開始為孩子「做牛做馬」，奔波勞碌；等孩子長大了，人也老得差不多，正想停下來好好喘口氣，可是，怎麼身體變得上氣不接下氣？

很多人都會有同樣的感觸，一旦過了中年，突然會意識到自己逐漸衰老，而心生疑惑與恐懼。回首前塵，忽然間，有一種不知自己為何而活的疑問。加上開始感覺歲月流逝，年華老去，因而，不免自問：「剩下的日子，我還能做什麼，才不至抱憾終身？」

最近，正巧讀到一篇威爾（Bronnie Ware）寫的文章。許多年來，威爾一直在照護臨終前返家的病人。她發現，這些患者們傾訴的人生遺憾，竟然如此雷同，於是她寫了一本書《你遇見的，都是貴人》，提醒大家及時把握短暫的人生，不要等到躺在病床時才懊悔。這五大遺憾分別是：

一、沒勇氣追逐夢想。絕大多數臨終病人都非常後悔，沒能活出自己真正想要的人生，最後一口氣時，才意識到還有很多夢想都擱置，此後再也無法實現。

二、太少時間陪伴家人。許多人都懊惱自己竟為了工作，錯過了孩子的成長、忽略了最愛的親人。

三、沒勇於表達真實感受。為了保持和諧關係，壓抑自己真實的情感，長年累積的辛酸與憤恨。

四、沒多和朋友聯繫。想起，曾經那麼要好的友人，卻隨著時間流逝而一一失去聯繫，他們無不感嘆。

五、後悔自己沒有活得開心點。許多人不開心，卻對他人、對自己說謊，假裝已經很幸福。如果時間能夠重來，他們希望能夠發自內心地活得更快樂。

親愛的朋友，不論你今年幾歲，我希望大家思考一下——你有活出自己的人生嗎？什麼樣的生活才是你所渴望的？你想做的事都做了嗎？你有沒有好好笑過或真正快樂過？生命行至今日，有沒有什麼是你感到最遺憾？

你可以這樣問問自己：當生命終了時，你會不會希望自己曾經是以另一種方式過活？那為什麼不現在就這麼過？

以後，也許再沒有以後

等退休以後，我要帶一家人，遊遍全世界。
大師：人生無常，別等以後。

朋友被診斷出癌症末期，大家去醫院看他。離開後在醫院門口感嘆：「唉，他還這麼年輕怎麼會？」

另一人說：「上回還聽他說，等到事業穩定以後，要帶全家出國旅遊。」

這類的場景一直不斷上演。我們每個人都有春秋大夢，期待著某個日子的到來。等到我達成目標……等到賺夠了錢……等我得到升等……

等到孩子都長大……等到退休了……那時我們就有時間去做我們認為重要的事。

但結果真是這樣嗎？有一次去爬山，跟太太說以後每年都來爬一次，又想等一年會不會太久，下次放長假再來，回家之後，直到現在，幾年都過去，還沒去爬過。那時，我就深刻體認到「有些事現在不做，一輩子都不會做」的道理。

為什麼要把想做的事一再延後？這問題也曾讓我納悶：好酒，要等值得慶祝的日子再喝；新衣，要等到重要的時日再穿；休息，要等到休長假再放鬆；享受，要等到問題都解決了再快樂；父母，要等到有空再關心；老婆，等到以後再對她好……人生無常，而我們卻把好東西留到最後，是誰想出來的主意呢？

有位學長每次提到這段往事十分感慨：以前他太太一直希望他能

送花給她，但是他覺得太浪費，總推說等下一次再買，結果卻是在她死後，用鮮花佈置她的靈堂。

「我看著妻子死去，我了解一切都太遲。」學長告訴我，「當她在十月十六日凌晨一點闔眼的那一刻，一切就結束了。不再有什麼「改天我們再一起去」、或是「等以後我再買給你」這回事。

塞內卡（**Lucius Annaeus Seneca**，古羅馬時代著名斯多亞學派哲學家）的肺腑之言：「當我們等著要去生活的時候，生命已經過去了。」人生並未售來回票，失去的便永遠不再回來，將希望寄予「某個特別的日子」，我們不知失去了多少可能的幸福。

想做的事就快去做！有位同事教了我這堂課，因為他們夫妻熱愛旅行，但我沒有那麼熱衷，所以每次邀我同遊，我都說：「等以後有空再去啦！」但他總是告訴我：「趁年輕快去吧，誰知道以後還能不能去。」

這同事的好友才五十幾歲就因心臟病猝逝，原本還在努力工作存退休金，沒想到活不到退休的那一天。友人的猝死，讓他們萌生退休之意，因為他們已經看清楚，繼續把時間投注在可能不會發生的未來，實在荒謬。現在覺得快樂的事，上了年紀以後，不一定覺得快樂。現在還在的人，以後未必還在。而且以後的你未必有現在的心情，以後的你也不一定還在。

所以，不要再說：「等以後要怎樣怎樣……」如果有「以後」想做的事，就請現在去做，不要給自己留下遺憾。因為生命是不等人的，以後也許再沒有以後。

不要害怕過錯而錯過

PART 5

跨不出去，就只能原地打轉

想離開，又跨不出去，該如何是好？
大師：有人綁住你嗎？

首先你學會爬，學會走路，世界一點一點地放大。然後你學會騎車、開車，突然間視野變得無限寬廣，但同時人生的疑慮也一一鑽出，恐懼、膽怯，於是世界縮小了一點。退縮，不敢行動，於是世界再縮小了一點。接著更多理由和藉口，人生被侷限在一口井中。

這口井成了你的「舒適圈」，雖然未必舒適，但至少是熟悉的。只要待在裡面，一切都在自己的掌控中，當然感到安心。然而一旦離開，不確定感造成的壓力隨之而來，因此久而久之便再也跨不出去。

假如你能一生安於現狀，不忮不求也就罷了，然而多數人並非如此，誰不想要更成功、過更富足的生活、擁有更和諧的關係，度過更美好的人生？重點在於：你絕不可能故步自封，縮在自己的舒適區裡，同時又能心想事成。也不可能縮在蛋殼裡，同時展翅高飛。

「我的人生就這樣過了嗎？」這是每個人都要經常提問的：「按照我這樣的生活方式，我喜樂嗎？」如果你活得並不喜樂，不想這樣下去，就必須冒險。你必須去嘗試新的路線、新的生活型態、新的追尋。這是唯一的選擇。你並沒有什麼好失去的。透過你舊有的人生，你並沒有找到喜樂。舊有的已經變得沒有意義，這是可以確定的。只有進入新的才有可能蛻變你，沒有其他蛻變的方式。

在人生中，你能做最無奈和無助的事是，不去嘗試，因為當你在啟動之前，就阻止自己，你必然什麼地方也到不了。阻礙並不是在人生路上等著我們，而是在我們準備跨出第一步時，阻礙就已經在那兒了，那個阻礙就是膽怯。

你是否願意改變？你確實想改頭換面？你真的想過不同的人生嗎？一名年輕女孩問一位很有智慧的老婆婆說：「怎樣才變成蝴蝶？」老婆婆眨了眨眼睛，微笑說：「你必須要有『飛』的志向，而且，願意放棄你的毛毛蟲生命。」擴大舒適圈唯一的方法，就是離開舒適圈，走向不熟悉的區域。

記住佛洛姆在《人類希望》書中的這段話：「我們不是變得更強就是更弱，不是更聰明就是更愚昧，不是更勇敢就是更懦弱。每一秒都是做決定的時刻……」

別讓自己被小小的生活圈子給圈住了，就像井底之蛙，生活在井水裡，所看到的世界再怎麼寬、再怎麼深，也都只是一口井而已，只有跳出這口井的時候，才會真正發現，原來這個世界有多麼地廣大。

沒有「失敗」這回事

白忙一場，卻一無所得。
大師：沒有得到，就是學到。

失敗是什麼？請各位回想一下，在這一生當中，找出三件你認為最大的失敗的事情，然後想想從這三件失敗的事情當中，你學到了什麼？

是不是你人生中最寶貴的教訓，每一次失敗都幫助了你的成長、或者讓你更強壯？有時你認為最失敗的事，沒多久反而變成一件成功的事？

「沒有失敗，只有學習。」如果能夠明白這點，一切都豁然開朗。也許有人事業失敗、考試失敗，有人家庭、人際關係失敗，有人婚姻、感情失敗……但沒一個「人」真正失敗了，失敗的是「事情」，而非人本身。因為人到世上都是來學習的，也就沒有所謂的失敗。

看到學生失戀時，總是被憤怒、難過、哀傷沖昏頭，甚至自暴自棄，並將這一切都當成「失敗」帶來的後遺症。我曾問過一位學生：「你們交往多少年了？」

「五年。」他回答。

「你們在大多數的時候都很快樂嗎？」我問。

「是的，大部分時間裡在我們都相處很好，只是最近關係變差了。」

「那麼為什麼要那幾年的美好時光打折扣呢？僅僅因為沒結果嗎？」我問他。

一段感情的結束，並不意味著它是失敗的。如果在你們一起的這段時間中，你們愛過、學習過、成長過，那就是成功。想想，每個人婚前的戀愛次數平均是三次。那麼前兩次的失戀，對於婚姻而言不是好事嗎？

沒有一段感情從開始到結束都是「錯的」或「沒意義的」，關鍵在於自己從中有沒有學到什麼。比方，也許你太習慣掌控了，這件事要教你尊重。或者你太自我，這件事讓你學習謙卑。也許你沒安全感，這件事教你學習自信；或許你太在乎對方，你要學習的是愛自己，你要學會放手。

是的，無論目前的處境多麼令人不快，都可以從中學到一些東西。三次失戀，比你讀大學或閉關苦修三年，更能迫使你走向醒悟。

沒有失敗這回事，只有經驗。沒有錯誤，只有學習。

所以，當你擇友時，你要先問自己一個問題，這問題不是「他能跟我同行嗎？」而要問「他能跟我一同成長嗎？」

面對挫敗時，你要問的不是：「事情的結果如何？」而是：「在這個過程中我學到什麼？」反躬自省，自己的內心到底起了什麼變化？是智慧的還是愚昧的反應？自己的心性和人品是提昇了，還是下降了？

人生是一場永無止境的學習，儘管只是進步一點點，也能親眼見證自己的成長過程。只要把每一次的錯誤，轉變為成長學習的機會，不管經驗過什麼，都是自己的收穫。

人沒有目標就是在繞圈子

我對生活沒感覺、沒想法、沒熱情，覺得人生沒意義？

大師：因為你沒目標。

為何「目標」如此重要？

你搭計程車時，會讓司機在市區裡不停地繞圈子，直到車子的油全部用完嗎？當然不會！因為這樣很蠢，而且只是在浪費時間和金錢。

沒錯，如果你在一個圈子裡面繞，你可以走上萬里路，但不管走多久，多辛苦賣力，還是在原地打轉，除非你知道要去哪裡。

有一則唐僧取經的寓言故事：

唐僧玄奘前往西天取經時所騎的白馬只是長安城中一家磨坊裏的一匹普通白馬。這匹馬並沒有什麼出眾之處，只不過一生下來就在磨坊裏工作，身強體健，吃苦耐勞，從不搗亂。

玄奘大師心想：西方路途遙遠，去時要做坐騎，回來時要負馱經書。況且自己的騎術又不是很好，還是挑選忠實可靠的馬吧。選來選去，就選中了磨坊的這匹馬。

這一去，就是十七年。待唐僧返回東土大唐，已是名滿天下的傳奇英雄，這匹馬也成了取經的功臣，被譽為「大唐第一名馬」。

白馬衣錦還鄉，來到昔日的磨坊看望老朋友。一大群驢子和老馬圍著白馬，聽白馬講西天途中的見聞以及今日的榮耀，大家稱羨不已。

白馬很平靜地說：「各位，我也沒有什麼了不起，只不過有幸被玄奘大師選中，一步一步西去東回而已。這十七年間，大家也沒閒著，只不過你們是在家門口來回打轉。其實，我走一步，你也在走一步，咱們走過的路還是一般長，也一樣的辛苦。」

眾驢子和馬都靜了下來。是啊，自己也沒閒著啊，怎麼人家就「功成名就」，自己還是老樣子呢？這話真的發人深省。

當生命有了遠大的目標時，人生的故事何等不同？

美學大師蔣勳常以《西遊記》為例，孫悟空很厲害，筋斗一翻就是十萬八千里，那他去取經不是很容易嗎？為什麼是唐三藏取經？因為孫悟空沒有動機。而唐三藏有動機雖然沒有取經能力，但動機比能力重要。

沒動機，就沒目標；沒目標，就找不到方向；只是隨波逐流、得過且過……。如同無舵之舟，無銜之馬，在茫茫的人海中，終歸會迷路。

你的日子總是庸庸碌碌，不知是為什麼而活？你覺得自己工作當中得不到快樂、成就感？你每天都懶得起床，睡醒也不知道起來要做什麼嗎？

如果你不想再這樣下去，那就快給自己設定目標吧！最近，我兒子早上五點就起床讀書，我訝異他是怎麼辦到的？「我也不清楚，」兒子說，「可能是因為我下決心要考上第一志願！」

所以，問問自己，每天早上叫醒你的是什麼？

我希望，不只有鬧鐘，或父母的叫罵聲，而是夢想。

人生太過短促，不該匆忙度過

生命有限，如何把握？
大師：別想從前，珍惜眼前！

年少時，常聽長輩說，感覺昨天他們還在我那個年紀，轉眼間就老了。

現在我自己也有同感，從高中畢業至今，居然一晃三十年過去了，真的是時光飛逝如電，或許當我三十年後準備向這世界說再見，回想起現今五十歲的種種，不也和從現在回想高中時的種種？

「這些年到底怎麼消失？」到了一定年紀之後，人生從覺得好漫長變成感覺好短暫，是因為我們太匆促忙碌，日子又一再重複，生活中沒有什麼值得記住的新鮮事，就這樣一週週過去、一個月一個月過去，一眨眼又是一年，接著五年、十年也是不知不覺一樣的飛過去。

「每個人都感覺不到青春正在消逝，但每個人都感覺到青春已經消逝。」這句話說得真切。歲月不饒人，行動要趁早。試著打破一個小小的不可能，冒點無傷大雅的險，完成埋藏心裡的夢：比如參加選秀活動，參加鐵人三項、爬玉山、翱翔飛行傘、騎自行車環島，或是應徵你夢寐以求的工作、當社團社長、向暗戀的對象告白……假裝自己是一個冒險家，會怎麼樣？最糟的就是你不知道結果如何？這不就是為什麼冒險令人興奮的原因？

不要把生活變例行公事，做一些新鮮的事。換個髮型、學義式料理、交新朋友，或是去環遊世界、到挪威搭郵輪追北極光。當然，我知道你會說，那行程貴得要死。又怎麼樣？你沒去，最後一樣也會死。何不幸福地死去？

一位旅遊達人告訴我，有一次到國外搭船旅遊，眼看海水透亮清澈，而且風平浪靜，徵得船長首肯後，便下船游泳，想體驗一下在遼闊大海中獨自游泳的感覺。當他在大海中悠然自得時，突然看到一隻巨大的綠蠵龜與他差擦身而過，剎那間他看著牠，牠也看著牠。這個邂逅經驗令他畢生難忘。

「人生中有些美麗經驗可能永遠不會再出現的。」是啊！花開不久就謝了，如果你現在不懂得欣賞，之後就會很後悔。人生也是如此。錯過了當下的美好，未來也許不會再有。

在這個浩瀚的世界，雖然充滿無數美麗的事物，但是如果缺少了「你」，這世界也將失去意義。想想看，假如發生了一次意外，你失去了意識一星期，這星期世界也將消失不見。

「但是，」你會說，「沒有我世界還是一樣繼續下去。」是的，但是沒有你對世界的感受，它就不存在。如同天空中佈滿了星星，若你不抬頭仰望，也等於不存在，不是嗎？

美好是要你去覺察的，我們體驗不到，多半是因為人生太匆忙。倘若你快轉去看一部電影，就算猜得到情節，也看不到電影的意義，無法欣賞其中的美。現在試試看，把步調放慢，就像錄影帶按「停」，或是進入慢動作，讓所有一切慢下來，慢慢地走路、慢慢地喝水，慢慢地吃東西，於是你的呼吸和心跳也慢下來，於是你開始有閒情逸致去細細體會周遭的一切，生命就不會匆匆而過。

人生是由經驗組成。所以，別忘了每天來點新意。一年有三百六十五天，不是只過了一天，卻重複三百六十五次。就算你無法想像生命終點，也應該想像另一種截然不同的生活方式。

就算後悔也不讓自己遺憾

做了怕犯錯，不做怕後悔，該怎麼辦？

大師：不要害怕過錯而錯過。

世上有兩種後悔，一種是想做卻沒去做，所以後悔了；另一種則是鼓起勇氣去做，但結果卻不如預期，因為遺憾，所以後悔。

哪一種後悔比較糟？當然是沒有嘗試的後悔。因為那種未曾實現的遺憾會陪伴你一生。也許不是今天，也許不是明天，但就在不久後，還有你的下半輩子。

人常會站在抉擇的道路上，最重要的選擇往往也最可能帶來後悔，包括要不要結婚、生小孩、換工作、買房子、搬到國外……。我們之所以後悔，是因為把錯誤或不幸的後果歸咎到自己身上；「如果當初我採取不一樣的作法，也許就能避開它。」由於這種情緒令人不快，因此我們做決定時常猶豫不決、躊躇不前，到底要選A，還是B？選錯邊怎麼辦？萬一結果不如預期該怎麼辦？

有選擇就有後悔，因為每個選擇都有好有壞，都各有利弊。當你選擇了A之後，發現選B比較好；可是當你選B，也可能覺得不好，又開始後悔為什麼沒選A，或選C。那就是為什麼蘇格拉底會說：「無論你怎麼做，你都會後悔。」

後悔永遠是「後知後覺」，如果當初你就知道該怎麼做，你就不那麼做。每個選擇在當時都是對的。如果你發現它是錯的而覺得後悔，不就是那個經驗帶給你的領悟嗎？

就算後悔也不讓自己遺憾。現在，我會用這種態度去看每一件事。我愈來愈當機立斷了，如果我想做什麼，或覺得我應該做，就會立刻去做。心裡有話，也會盡可能說出來。

想起國中時我們學校有一個女生，常在我的抽屜留紙條。她很喜歡我，同學老是抓住這點猛虧。所以我總是刻意避開她，每次她跟我說話時，也假裝要理不理。為此我至今仍深感愧疚。我明明可以表現好一點，但我沒有。

我相信人最後悔的事都是沒有鼓起勇氣，不論是沒鼓起勇氣對人好一點，沒鼓起勇氣拒絕別人，沒鼓起勇氣說出自己的感覺。

以前在課堂上或參加討論，我想提出疑問或發表見解，也因自己太害羞而怯步不前。我實在不想這樣下去，於是問自己：「要是我不害羞，我會怎麼做？」答案很明顯，我會站起來，說出心裡想說的話。

恐懼（terrified）和美妙（terrific）這兩個字，都是由同一個字根所衍生出來的，它們只有一線之隔。因為之前，我還被焦慮和恐懼壓得喘不過氣，而現在我竟可以把壓在心裡的話說出來，甚至對大家侃侃而談，那種感覺真的很美妙。

有人說：「當我回顧生命時，我們會發現，會讓我感到後悔的，通常不是我們所做的事，而是我們沒去做的，或者不曾說出的話。」我深有同感，想想看，說出「本來我可以的」這句話，感覺有多糟？

去過沒有遺憾的人生吧！

一切事情的發生，
都是最好的安排

PART 6

苦難，是人生必修課

怎麼度過人生艱苦時光？

大師：苦難無法避免，受苦是不必要的。

受苦是必要的嗎？是，也不是。

佛教說人生本質就是苦，沒有人能避免生命之苦。但也正因為痛苦，我們才會有所覺悟，我們的靈性才得以成長。

在基督教的「苦難神學」裡面，也闡述了許多類似的哲學，苦難使人生命改變，離罪向善。苦難是參與上帝的救世工作，與耶穌一起認識、戰勝苦難，通過信仰得到永生。

痛苦是必然的，直到你明白它並非必要為止。

你有沒有注意過小孩學走路時，無論摔得多麼痛，爬起來繼續走，他們很少會在意。為什麼？因為他們沒想到痛是一種懲罰，所以痛本身並不會讓人受苦。然而，如果有人把你絆倒，你很可能就會怒氣沖沖，就會不高興。所以，真正讓我們受苦的不是我們的境遇，而是我們對境遇的反應。

我曾在醫院重症病房待過，經常看到人們經歷劇烈痛苦。有些人可以鎮定地平和以對，有些人卻是痛不欲生。為什麼他們的反應如此不同？我觀察發現，當病人只有肉體的痛處時，都沒有問題。但是當他們心開始抗拒，「為什麼是我？為何會生種病？我很悲慘不幸？」他們就開始覺得痛苦難熬、苦不堪言。

常有人問道：「如果神愛我們，為什麼祂要讓我們痛苦？」那是人們一直以來的誤解。是誰說神要我們痛苦的？事實上，沒有人能逼我們活在苦難之中，除了我們自己。

苦難，是人生必修課。那並不是懲罰你，也不是要折磨你，那是幫我們成長，是來讓我們啟發智慧。你想想看，當我們一帆風順、一切都順心如意，誰會去發現問題？誰會去反省？誰會去想到宗教或神？誰會改變生命？但當一個人遇到困苦與災難，生了重病，當一個親人過世，就有一個可能性。當情人離開你，孩子不理你，在經歷過無數孤寂的夜晚，你就會覺醒。

當事情深層的意義不被了解，我們會疑惑，會抗拒、混亂、悲苦，那是自然的。人類的痛苦，不僅僅起因於不幸災難，更由於錯誤的認知導致。如果你還在受苦，那麼很顯然，你還不了解，當你覺得受夠了，自己決定跳出來，不再受苦了。你學會了這堂課。

未圓滿的人，沒學會的事，再次學習

為什麼我老是被欺壓？

大師：那是上天給你最好的安排！

人來到世間的意義不同，境遇不同，但是目的只有一個，那就是學習。

人們常覺得不解：為何愈害怕的事愈常遇到？很討厭的人老是碰上？想避開的問題和麻煩，總是一再發生……這是為什麼？

因為你老是學不會。當你發現生命中一再遭遇到相同的問題，表示你沒有學會，你被困在某些過去的制約當中了。例如，有人老受人欺壓，就常遇到這樣的人和事，好讓他學會這門功課。有人總是遇人不淑，結果一再遇到爛人，除非他學會人生課題：學會自愛、自尊、自我接納或接納他人，否則問題將一再重現。

有人才貌雙全，情路上卻坎坷難行；有人感情美滿，卻懷才不遇，口袋空空，這也是「人生課題」之所在。有人家財萬貫，但其「人生課題」可能在於子女不孝，身體不健康，家庭不美滿，終生必須應付這些問題。

有一則文章，深得我心，以下內容摘自原文，文中第一人稱為原書作者。

一位朋友跟我說了他自己的故事。一年多前，他與相戀多年的男友分手，在那段傷心的日子裡，他看了一部不知名的電影，說有個人死後到天堂，那個地方有許多天使，還有許多像電視一樣的機器，天使請他坐下來，然後這些機器就開始放映他的一生。

他就這麼看著他的一生像電影一樣放映著，但是他發現機器只要放映他逃避一些事情時，畫面就停格，於是一部部機器停格著他第一次惹爸媽生氣卻不敢道歉，他愛上一個女孩卻不敢表達，他為人父親時，不敢表達自己對孩子的關愛……。終於，他的一生放完了。

天使們一陣討論之後告訴他：你在這一生中缺乏了愛與勇氣，所以我們要請你重回人間，把愛與勇氣學會之後，再回到這裡來。畫面一轉，這個人又出生在人間，重新學習愛與勇氣。

朋友告訴我，這部電影讓他非常震撼，原來如果他此生學不會原諒，那麼他得來生再學；如果他此生學不會勇敢面對，那麼他得來生再學。那為什麼他不在這一生中就學好這兩件事？

未圓滿的人，沒學會的事，就必須再次學習。如果你婚姻有問題，有問題的婚姻就是你的課題；如果你的財務常出問題，金錢就是你的課題；如果你和同事發生矛盾，這與同事的矛盾是課題；所以，遇到困難和挑戰並不是壞事，所有的試鍊都不過是再次呈現我們沒有學會的功課，一切都是最好的安排。這有點像是參加考試，當成績不及格時，需要重考，如果還是考不好，就需要重修，一直到把這門功課搞懂了，並且通過考試才算過關。

人們最大的問題，就是一直想改變別人，想改變事情，事實上，靈魂來到人世是來體驗，除了去經歷和學習之外，沒有什麼需要改變的，需要改變的只是我們面對事情的方式和態度。「看，這個問題難不倒我」「我不再困擾」「我覺得愈來愈喜悅」，這顯示你不斷精進。反之，同樣的問題便會一再出現。你會以同樣的劇本，同樣的模式，直到有一天學會用新的觀點、有新的作為，才開啟全新的人生。

每個人都有自己的問題

人為什麼有那麼多煩惱？
大師：放不下、想不開、看不透、忘不了。

常有讀者寫信給我，述說自己的煩惱。有人覺得自己被排擠，有人為工作所困，有人為感情所擾，有些人為生活煩憂，也有些人為別人的事苦悶……沒有半點居心，卻被人誤會。該做的都做了，還是有人不滿。世間的一切不都是這樣嗎？

生命只有一個純粹的問題，就是每一個人都有問題。即使那些樂觀和有智慧的人也不例外。差別是，他們視問題只是家常便飯，看開就好。相反，有些人遇到小小問題就覺得「不得了」「受不了」，把每一個都變成千斤重，這就成了煩惱。

世上有太多的煩惱。有一天，天神決定幫助人們，於是挑選了幾個人，趁著他們進入夢鄉之際，暫時將他們帶到天堂。

天神請他們圍著一張圓桌坐下，接著拿出一個狀似抽獎箱的箱子，裡面放了一張張寫著煩惱的紙條。

天神搖了搖箱子，說：「這個箱子裡，裝滿了世界上許多人的煩惱，我們就用抽籤的方式來交換吧！」眾人興致勃勃地答應了。

可是，才抽籤完，就有一個男子愁眉不展地說：「天神，我原本的煩惱是『孩子不聽話』。可是，這張紙條上的煩惱是『我失去了孩子』。我才不要交換呢！」

接著，又一個婦人說：「天神，我原本的煩惱是『老公不會賺錢』。

可是，這張紙條上的煩惱是『我的丈夫有外遇』。我才不要交換呢！」

然後，一個小男孩也開口：「天神，我原本的煩惱是『我不喜歡上學』。可是，這張紙條上的煩惱是『我很想要上學，但是我卻沒有錢上學』。我才不要交換呢！」

到了最後，所有人都還是帶著自己的煩惱回家去了。

隔天，當他們醒來，依稀覺得似乎做了一場夢。他們並不記得夢的內容，卻很驚訝地發現，自己的煩惱，竟然都不再煩惱了。

如果你真正了解別人的生活，你會看見比你煩惱的人多的是。你以為「只有我這樣」的念頭會變成「我不孤單」「我真不敢相信！你也是喔？我以為只有我是那樣！」

美國著名歌手、演員芭芭拉·史翠珊（Barbra Streisand）說：「當人羨慕我的時候，我在想，老天啊！不要羨慕我，我也有自己的痛苦。」

這句話我深得箇中三昧。

每個人都有很多問題要解決；你並不是為唯一的一個。現代人經歷的悲歡離合，古人一樣體驗過。百年之後，我們的後人同樣會遇到，這就是人生，如同心電圖，只有死人才沒有上下起伏。

別把問題看得太重。想想看，當你是一個小孩，有不同類型的問題，等你長大以後，問題就消失了。這些問題到哪裡去了？你並沒有去解決它們，它們就消失了。你甚至想不起來小時候遇到的問題。

等你年紀再大一點，又有不同的問題；然後當你老了的時候，這些問題又沒有了。並不是你把問題解決了，只是隨著日子一天天過去，問題被放下了。你老的時候，會笑自己以前曾有過那些問題，當時你傷心、難過、痛不欲生，而今呢？

問題已不再是問題。

學著去接受每件事的發生

處理麻煩，有什麼好方法？
大師：不要製造麻煩。

人天生喜歡「好」的感受，而極力抗拒「不好」的感受。沒有人想要生病，喜歡挫折失敗，或是遭遇災難。所以我們會抗拒，拒絕自己不喜歡、害怕、感到不快的事物。可惜的是，抗拒「不好」的感受，非但耗損能量，還會帶來負面情緒。

只要留意一下，你在生氣時，你氣的到底是什麼？是不是眼前發生的事不合你的意，還是事情沒有照你所想的方式發生？當你痛苦的時候，你注意過嗎？你一定是跟「真相」在對抗，因為你不願接受那個事實，所以痛苦，對不對？

我們說：「我不喜歡……。」然後就開始排斥：「我受夠了……。」戰鬥就此展開。「我無法忍受……。」然後內心就矛盾和掙扎。愈是抗拒當下發生的事實，情緒就愈糟。

無論你接不接受，事實都不會改變。了解這點很重要。生命不會照著我們的計畫走，生活不會在我們的預期之中。抗拒就是在事實上面堆積負面情緒，只會苦上加苦。例如，你困在車陣中，你可能會遲到，等人有點無聊，但這沒什麼大不了的。然而，如果你非常抗拒，心裡一直抱怨：「不應該發生這種事！」「真是受不了！」這時心情就變不悅、焦躁不安、憤怒。

在生命難以避免的痛苦與自陷其中，自討苦吃，這兩者是有區別的。一位年青的西方僧侶剛到阿姜查（佛教長老）的森林寺院中，並請求准許留下來修行。

「我希望你不怕受苦。」阿姜查事先聲明。

這位西方僧侶有點驚訝，他說他不是來受苦的，而是來學習禪坐和平靜地生活在森林中的。

阿姜查解釋說：「苦有兩種：一種是會導致更多苦的苦，另一種是會讓苦熄滅的苦。如果你不願意去面對第二種苦的話，你一定是願意繼續經驗第一種苦。」

我們無法避免人生的痛苦，但可以不因為那個苦而受苦。

事實既然這樣，它就是這樣。班機延誤，就是延誤了；考試考差，就是考差了；錢拿不回來，就是拿不回來；得到癌症，就是得到癌症；人老了，就是老了。除接受，沒有別的辦法。你嘗試過很多次去抗拒事實，抱怨這個、批評那個，但是除了痛苦之外，有任何改變嗎？

有句話說得好：世界沒有悲劇和喜劇之分，如果你能從悲劇中走出來，那就是喜劇；如果你沉緬於喜劇之中，那它就是悲劇。

學會順其自然，讓事情以它原本的樣子存在。當你不再對抗，內心就平靜下來，你不需要去安頓它們，你只要安頓你自己。我記得多年前出國旅遊，在整個車廂都在搖晃的纜車上，聽到一位年輕女孩對母親說：「天啊，真希望我們已經到了！」她的母親答得妙：「親愛的，千萬別希望任何事早點消失，因為這也是你的人生。」

今天起，把自己想成一棵樹，穩穩地紮在你所處的境遇中，不論環境多麼惡劣，情況多麼不利，你都接納生命中發生的一切。你可以學習隨風搖擺，在困難之際折腰，但依然穩穩挺地挺立，繼續成長。這就是整個生活的藝術。

交給上天安排

如何在困苦紛亂的情況中，也能得享平安？
大師：盡人事，其餘就交給上天安排。

遇到挫折災難或是失意無助的時候，人們常會向上天祈禱，尋求幫助。其實更重要的是信任，你會向上天祈求，說明你相信祂的能力；如果上天沒幫你，意味著祂相信你的能力，又或者祂有更好的安排。

這並不是說所有的情況都會如你所願，或在你每次危急災難時，都能化險為夷。信任是一種態度，深信不論發生什麼事，都有其更高的旨意；相信每一件發生在我們身上的事必有其意義，即使我們一時還看不出來。

麗莎的父親因心臟病突發緊急被送進了醫院，當她走進父親病房時，母親一句話也沒說，她們默默地抱在一起，淚流不止。麗莎坐在母親的身邊，不斷為父親祈禱。

之後，整整三個星期，她和母親就這樣日夜守護著。

一天早晨，父親終於醒了，雖然他的心臟穩定了，但其他器官卻出現了問題，性命依然危在旦夕。

接下來的日子，除了和父親和母親在一起的時間，麗莎都在醫院的小教堂裡，憂心地一直禱告著同一句話：「祈求上帝讓我父親活下去吧！」

一天晚上，她接到先生的電話，先生在電話那頭說著：「要相信上帝的答案，親愛的。」麗莎恍然大悟，原來自己之前的祈禱都錯了。

第二天清晨，麗莎在醫院小教堂裡平靜地祈禱：「親愛的上帝，我知道我的答案是什麼，但對父親來說這並不見得是最好的答案。您也愛他，因此我現在要把他放在您的手中，讓您做最好的安排。」在那一瞬間，她覺得如釋重負。不管上帝的答案是什麼，她知道對父親都是正確的。

兩個星期後，她的父親去世了。

父親去世後的第二天，先生帶著孩子們趕來了。他們的兒子哭著說：「我不要讓外公死，他為什麼會死呢？」

麗莎緊緊抱著兒子大哭一場。從窗戶遠望，她看見蒼綠的群山和碧藍的天，想著她深深敬愛的父親，也想到他遭受的永遠無法治癒的病痛，她想開了。

先生手放在她的肩上，麗莎輕輕地說：「顯然，這就是答案！」

在生命裡，有太多我們無法掌控的事，有太多不安、不確定的時刻，在這段時間裡，信任是最重要的。信任自己，信任上天的安排，信任生活中所呈現的一切。

信任就像回到家一樣，當你在荒野中，天空烏雲密布、閃電交加，下起傾盆大雨，你又迷了路，一心只想要趕快回家，當我們內心徬徨時的情況就是這樣。而當你回到了家，現在你可以坐在家裡面，閃電大雨已不再如此可怕，因為現在你已身在安全的室內。心安就平安放下。

引述《宇宙逍遙遊》中我很喜歡的一句話：「沒有一顆心，當它的安全被保證時，不立刻開放的。」你只要盡力，對自己交代，不要留下遺憾。其他的，就交給你的上帝（菩薩）安排吧！

多一點笑容，
少一點你死我活

PART 7

感謝那些痛苦的過去

感情事，該如何放下？
大師：學會感恩，重新去愛。

過去無法遺忘，回憶無法抹去，在你心裡，過去留下的是什麼？如果在心中留下的是痛苦與不堪，你注定被過去的遺憾所纏繞羈絆；如果試著去感謝，你就把自己從桎梏中解放出來。因為有這些曾經，才造就了現在的你。

常聽到許多傑出人士在接受採訪，或是頒獎典禮上的得獎感言這麼說，「感謝那些傷害過我的人，」為什麼？如果你靜下來想想，就會同意，生命中最艱難的經歷及最難纏的人，總讓你成長最多。敵人其實也是你人生中的「逆境菩薩」，也是你生命中的「逆增上緣」。

我在年少求學階段，成天玩樂，有過很多「不被看好」的曾經。一位老師甚至很誠實地對我說：「你將來不會有出息的！」，因為不服輸的個性，「愈是不被看好，愈要努力證明給那些人看」，才讓自己痛定思痛，改頭換面。現在想起來，真的很感謝這些厭惡的人，否則人生不知會變什麼樣子。

敵人貴人，一體兩面。《我還在》書中，知名藝人黃子佼提到：第二十六屆金曲獎，韋禮安以《有所畏》勇奪最佳作曲人獎，他在台上感謝那些曾經批評他「寫的歌沒幾首能聽」，一路唱衰他的人，他說：「可能你的批評沒有成就你，但是它卻成就了我。」更早之前，蔡依林在第十八屆金曲獎頒獎典禮上，獲頒最佳國語女歌手獎時，也以「謝謝曾經看輕我的人，謝謝你們給我很大的打擊，讓我一直很努力。」短短幾句話，贏得無數掌聲。

愈來愈明白「最壞的房東就是最好的房東」這句話。正因為房東很惡劣，房客才會下定決心買間房子。為了讓自己不再面對那些我們討厭的人或事，我們就得努力。努力提升讓自己有能力反制這些人也好、努力找一份更好的工作、一個新的環境也好、努力成為一個更優秀、更有價值的人也好。我們會做這麼多努力，就是被這些人和事逼出來的。

我們要迎向美好的未來，必須感謝過去的風雨。儘管是失去一段感情，沒有必要連那個人、那段關係所賜給你的禮物也一併失去。

當遇到昔日愛過的人，要記得感謝，感謝對方曾給你甜蜜時光與美好回憶。當遇到傷害你的人，要記得感謝，是他們讓你更加堅強與成熟，是他們讓我們看清了人性。即使過去的愛與美好，讓你如今淚流滿面，但仍要感謝那些曾經，成了澆灌生命成長的養分。

你現在的堅強，要感謝過去的自己。所有走過的路、經歷過的事和愛過的人，是生命的紀錄，證明我們活過。讓一切的痛苦都過去，只留下美好，是為了遇見更好的自己。

原諒別人，饒恕自己

他讓我痛苦難過，我也不會讓他好過。
大師：你讓自己喝毒藥來致對方於死地？

一生中我們多多少少會遇到：分手、情人劈腿、伴侶欺騙、家人傷害、親友侮蔑、工作夥伴背叛……種種事件。我們往往會把自己囚禁在痛苦與悲傷之中，不是向內自我封閉，就是向外爆發出來。想著報復、或是要對方付出代價，要原諒傷害我們的人，並不容易。

我們會大喊：「難道要我當沒發生過？」「要我原諒，那不是太便宜他嗎？」這是多數人普遍的反應。但如果「別人對我怎麼樣，我也要對別人怎麼樣」，我們跟對方有何不同？我們厭惡對方的所作所為，卻沒想過為了報復，自己已變得跟對方一樣可惡。

原諒別人，不是表示他過去對你所做的事就不曾發生，或是他那樣做沒有錯。邪惡就是邪惡，過去的事仍舊是錯的。重要的不是傷害你的人是否得到報應，而是你是否得到自由。原諒別人過錯，不是因對方值得被原諒，而是不值得把別人的錯放在心中。

他傷我這麼深！

他毀了我的人生！

我無法忘記那個侮辱，實在太過分了！

我永遠無法原諒他們！

當你持有上列的想法時，會如何反應？心情覺得如何？我想，你一定感受到非常多的負面情緒，那為什麼要一直帶著這些情緒？

別人傷害我們已經夠苦了，把這種經歷放在心上，只會讓你一直處在怨恨和憤怒中，一再承受那個傷害，這個人就控制了你的生命。

一九九一年，曼德拉出獄後當選總統。在總統就職典禮上，曼德拉卻像對待朋友一樣，親自接待當初在監獄看守他的三名獄方人員。並要求他們站起來，以便他能將他們介紹給大家。

曼德拉寬宏的胸懷，讓南非那些殘酷虐待他二十多年的白人無地自容，也讓所有到場的人肅然起敬。看著年邁的曼德拉緩緩地站起身來，恭敬地向三個曾關押過他的人致敬，在場來賓都安靜下來。

曼德拉後來向朋友解釋說，自己年輕時性子急躁，正是在監獄中學會了控制情緒，才有機會活了下來。牢獄生活也讓他學會了感恩與寬容。

他說：「當我走出囚室，邁向通往自由的監獄大門時，我已經清楚，自己若不能將悲痛與怨恨留在身後，那麼我其實仍在獄中。」

寬恕不是為了別人，是為了放過自己，停止對自我的傷害，中止對自己的折磨。寬恕是為內心帶來平靜，也讓自己可以重新開始新生活。

我們很難原諒別人，但是自己也犯過錯，有時也會做出事後讓自己後悔的事，因此希望別人能諒解，並且原諒我們的錯誤——那又為什麼不能原諒別人的錯誤呢？

有人說：所有的寬恕，都是對自己的寬恕。寬恕自己曾經錯看了某個人，錯估了某件事，錯過了某段時光。

無法原諒，更深層的來看，是不能原諒自己。任何一個對愛自己有困難的人，也很難原諒別人。在內心深處我們總懷疑自己，覺得自己不夠好，才會遇到這種事，才會遭遇這一切。我們一直以為是別人傷害自己，其實自己才是傷害自己最深的人；事情已然過去，但我們卻跟自己過不去。我們必須先原諒自己，才能夠放下自責、懊悔、憾恨。我們原諒自己多少，就能對別人寬容多少。

多一點肚量，少一點計較

如何對自己，對他人？
大師：對自己好一點，因為一輩子不長；
對別人好一點，因為下輩子不一定能夠遇見。

英國著名的劇作家王爾德說過一句話：生命太嚴肅了，切莫當真！真的，人生在世不過短短數十載，不如意事十八九，敗事容易成事難。其中又有太多挫折、磨難和紛擾，真的沒有必要太當真。

人太嚴肅，每一件事都變嚴重，生活就充滿苦惱；太嚴格，必定處處挫折；凡事斤斤計較，心常紛擾、難開懷，不只失去了彼此的感情，還有自己的愉快的心情。

世界是一面鏡子，你對別人笑，別人也會報以笑容；你對人惡言相向，別人也會還以顏色，我們覺得不舒服，擺臭臉，對方也會用一種討厭的方式回應。我們對別人所做的事，都會回到自己身上；我們常批評別人，也會收到許多批評；讓別人難過，自己也不會好過。

同樣的，當你開始友善，周遭的人也跟著友善起來。你關心別人，別人也會關心你；你經常讚美別人，也會聽到有人在讚美你。你給別人快樂，就是給自己幸福。給別人散播花香的人，自己也會沾上一縷花香。

有位護士說得好，每當我感到人們不對我微笑時，我就開始笑著對別人問好，然後，非常神奇地，似乎我周圍突然多了許多微笑著的人。

學會善待他人，也要懂得善待自己。多愛自己一點，因為人生匆匆就過；多體諒別人一點，因為大多數人生活都不好過。是與非，自己知道就好；真或假，天知道就好，只要對得起自己的良心。輕鬆看事情，人生就輕鬆；活得糊塗一點，既放過自己，同樣也是放過別人。

來是偶然，走是必然。人與人在一起是緣分，珍惜在一起是幸福。珍惜緣分，不辜負別人的真心，不講傷人的話。多一點肚量，少一點計較；多一點感恩，少一點抱怨；多一點幽默，少一點氣急敗壞；多一點笑容，少一點你死活。緣來好好珍惜，緣去灑脫再見。珍惜共聚的時光，就是珍惜美好的人生。

生活是用來享受，不是來抱怨的

有些人總是抱怨連連，您怎麼看？

大師：別放在心上。

在這個世界生活有兩種方式，一種是抱怨生活，另一種是享受生活。我們大多數人都在抱怨生活：房子太小，天氣太熱，冷氣不冷，錢不夠花，午餐難吃，延路塞車，老闆刻薄，鄰居太吵，另一半囉嗦，父母管太多……事情這樣不對，那樣不好。愛抱怨的人總是不滿現況，想改善周遭的人事物，這樣怎麼可能享受人生？

古儒吉大師說：那好像是要企圖重新安排天上的雲朵一般。這使你無法快樂，無法打從內心發出微笑，無法愛人以及討人喜愛。它永遠像是根刺般的存在那裡，令人氣惱。

有些人相信，只要把自己的生活「整頓」好，就可以把日子過得好些。然而，事實上是，當你解決某個問題，馬上又會有新的狀況；然後等你處理了，馬上又有下一個問題出現。生活的落葉永遠掃不完。

有一個書僮，受雇在一位老舉人辦的私塾裡打雜，每天一大清早，他都要負責把院子裡的落葉掃乾淨。某天，老舉人一面吟著詩，一面在私塾裡散步，路過院子時，猛然看見這位書僮正拚命地搖著一棵樹，他嚇了一跳，趕忙問：「你為什麼要搖這棵樹呢？」書僮說：「先生，我每天掃落葉好累！我今天早上已掃完地了，但我想把明天的份也一起先搖下來，先掃掉，這樣明天就沒事了！」老舉人笑了笑，並摸摸書僮的頭，說：「孩子，不管你現在怎麼搖，明天落葉還是會落下來的，當天掃當天的落葉就夠了！」

當風靜止時，樹葉仍會落下。有人試圖掃光所有的落葉，然而在此同時，已然錯過生命中許多美好時光。

來到世上我們都是旅客，在短暫停留中，我們應該盡情享受，不是嗎？然而，當我們安頓下來，就會開始挑剔飯店：大廳不夠氣派，服務生態度不佳，於是我們向經理客訴；進了房間發現牆上有裂縫，又跑去買快乾批土；牆補好了，卻發現顏色不搭，再去買細砂、油漆，花幾個小時砂紙磨平粉刷；接著發現房間擺設不合自己的品味，於是重新佈置家具，燈飾和掛畫。終於大功告成，疲憊的正想躺下來休息，卻發現床墊凹凸不平，再買來新床，太陽也下山了，眼看就要退房，我們卻沒能好好享受，人生就這麼錯過。

印度有位偉大的老師，每當學生向他提到禪修、工作或關係中的不滿和抱怨，就會提醒學生這一點。他會非常親切地傾聽，然後微笑說：「希望你享受它。」

或許你感情不順心，工作不理想，過得不如意。你可能在一堆長滿野草，遍地落葉中生活著，但不要讓它們影響你享受人生。不要去抱怨那些你無法控制的人事物，你無法讓事情跟你所想的一樣，也無法改變不想改變的人；但是，你可以專注在你能改變的事情上，你可以決定不讓別人影響你的心情。

在這個世上，我們永遠不可能到達一個境地，在那裡一切都盡善盡美。令人愉快的休閒時光中還是有麻煩事，而沉重的工作裡仍會有令人開心的事情。我們無須等到事事順心才快樂——陽台上的盆花，即將盛開；小孩稚氣的笑聲，自在悠閒的點杯咖啡，或是一首優美的廣播歌曲，一道喜愛的開胃小菜，日落時分的一抹晚霞，感受微風輕拂的涼意……停下抱怨，你現在就可以享受人生。

你已經很幸福了

為什麼人生有這麼多不幸？

大師：不幸顯而易見，幸福難以察覺。

你知道你頭上有多少根頭髮？不知道，對嗎？但是如果有人拔了你一根頭髮，你就會知道，你就會清楚地感覺到。當你鼻塞，你會感覺到，但是當你鼻子通了你就忘記鼻子的存在；當鞋子太小，你會感覺到，但是當鞋子剛好你就會忘了腳的存在；當你家裡停水停電，你會覺得真糟，但是當它們一切運作正常，你從來不覺得感恩。

你可以感覺你的痛苦，感覺你悲慘，感覺到你的不幸，但是對於你身邊美好幸福的事，似乎都感覺不到。

為什麼感覺不到？因為你已身在其中，所以你感覺不到。

有一個婦人已經生三個女兒，三個孩子乖巧可愛，但她並不滿足，她一心希望自己能再有一個男孩，並日夜祈禱。

有天夜裡，她忽然做了個夢，夢到自己終於有了一個漂亮的男孩，她細心地呵護他，孩子也乖巧懂事，卻突然在五歲那年意外去世。

她呼天搶地、痛不欲生。於是，她便在這種悲傷中哭醒了。醒後，她發現那只不過是一場夢，她用手擦著不斷湧出的淚水，心想：「幸虧那只是一場夢！否則，若是真實的生活，要她如何承受這撕裂心肺般的痛楚？」從那以後，她珍惜那三個女孩，再也不想要個男生。

人的不幸就在於看不見自己是幸福的，不滿是不知道自己早該滿足了。凡人都是不滿現狀——

不染病受苦，不知健康之福；
不凍餓飢寒，不知溫飽之福；
不意外災變，不知平安之福；
不失去所愛，不知當下幸福。

每天過著平凡無奇的日子，你不會覺得自己幸福，等有一天遇到一些痛苦災難，你就會發現。

有位朋友在得知罹癌後告訴我，「想到好日子就要結束，心就很沉重。因為開始要化療，就算醫好，也可能復發，隨時都提心吊膽……真的好想回到以前。」

一位學生很感傷：「我很少時間關心父母，直到父母相繼過世後，才發覺自己回報給他們的愛太少了，看著別人享受天倫之樂，想起我的父母……不禁紅了眼眶。」

當雙親有人過世，子女才體會父母在世的美好。也聽過許多喪妻的丈夫說，下班回家後，望著一屋子的髒亂，與一堆無人料理的家務，就感到疲憊，也才體會到過去擁有妻子的好。還有許多喪夫的妻子說，家裡遇到突發狀況，或是有什麼需要男人處理幫忙的地方，即使是簡單的換燈泡、水管不通，都會讓她們發現丈夫的重要。

大多數美好的事物，都是驀然回首時才驚然發現。所以，我特別珍惜平凡安穩的生活。只是簡單和家人閒話家常，或是共進一頓晚餐就覺得幸福；每天能平安回家，舒服的躺在床上睡覺，就是幸福……我們欠缺只是用心感受。

得失相隨，福禍相伴，
苦樂一體

PART 8

擁有是一種失去，失去是一種收穫

如果沒有那筆錢，我不知道結果會如何？
大師：你應該會闖出一片天。

人都以為「擁有」就是收穫，一旦「失去」就感覺失落，這是人們普遍的迷思。

事實上，所有的事情都是有得必有失。當你交到男（女）朋友，同時也失去和其他人交往的機會；當你獲得某個職位，同時也失去了某些自由和時間；快樂隨名聲增加，但人紅是非多；位高權重的人，就要承擔更多責任，煩惱更多。得到成功、地位、財富使你快樂，但也可能在追求的過程中失去更重要的東西，比如健康、尊嚴、家庭、感情、自由、青春，失去了自己。

反過來，失去的同時也正在獲得。失去了呵護照顧，也讓自己變得獨立堅強；失去了金銀財寶，得到了一家人平安；沒有家庭的支持，但也少了家庭的羈絆；失去工作，反而創造事業第二春；失去了太陽，才發現滿天的繁星。

得到和失去是個連體嬰。有位學界同事受邀進入政壇，他問我的看法。

我說：頭頂上會多出光環，日子會變昏天暗地。會得到幾年的風光，也失去昔日的自在。

得中有失，失中有得，得失相隨。你今天打工賺一千元，這是「得」，但你為一千元付出八小時，你損失了八小時生命，這是

「失」。但如果你學到很多東西，你又是「得」。所以，得到時，必須認真地思考：「失去了什麼？」自己到底用什麼來交換？值得嗎？

有一天，一個小男孩正漫無目的地在馬路上閒逛。突然，他發現有個東西在草堆裡閃閃發光，彎腰一看，原來是一美元的硬幣。他如獲至寶地撿起來，自言自語道：「太好了，沒有付出任何代價就賺到一美元。」

從那以後，無論走到哪裡，他都低頭尋找，看能不能再遇到好運。幾年下來，他一共撿到了將近十五美元。他把錢收在一個袋子，還經常拿出來跟親友炫耀。不僅是因為他撿到了這麼多錢，更重要的是他覺得自己很幸運，他沒有付任何代價，就有所得。

他真的沒有付出什麼嗎？在尋求這些錢的過程中，他無暇欣賞周遭美景，他沒有看到夕陽餘暉，也沒看到蝴蝶在花叢飛舞，甲蟲在樹上睡著；他甚至沒看路況，有幾次差點發生意外。

而當失去時，則要反過來想：「得到了什麼？」失去並非負面，如果我們不是拿來挫折悲哀，而是以成長和收穫的角度來看，那麼每一次失去都必有所得。

一位學弟跟部門主管鬧翻了，辦公室裡的同事像見鬼似的，對他避之唯恐不及，他覺得非常沮喪。

於是，我要他反過來想，在這麼不愉快的事件裡，有獲得什麼？

「這怎麼可能有什麼好處？」一開始他有點不以為然說「沒有！」然而，心知這樣的想法無濟於事，於是他勉強擠出兩種可能。好處可能是「我終於知道哪些人很現實」，還有「沒人理我，日子比較清閒。」

這不是很好嗎？我說，現在你看出誰才是真正的朋友。以前你不是常抱怨公司有些人難相處，現在不必往來，正好省掉這些困擾。另外，你還多出不少時間，可以做自己的事，不是嗎？

有個學生因失戀而悲憤不已，後來她學會反過來看，心也因此釋懷。她說：因為這個傷害讓我學會勇敢，學會珍惜，因為這個傷害我更愛我的家人。

那個曾經讓你挫折悲苦的，也是讓你成熟堅強的；那些曾經讓你快樂沉醉的，往往也是讓你痛苦失意的。明白「擁有是一種失落，失去是一種收穫」，人生得失就會豁達以對，拿得起，放得下。

福因禍生，禍中藏福

為什麼壞事會發生在好人身上？

大師：壞事不一定壞，好事不一定好。

有一位老板要出國談一筆大生意，結果秘書竟然把護照遺失了，氣得這老板把她開除；沒想到本來要搭乘的班機竟發生空難，這時老板發現撿回一條命，也認為那個秘書是他生命中的貴人，不但登門道歉，還幫她加薪升職。

老子說：「禍兮福所倚，福兮禍所伏。」災禍，是一般人所忌怕的，可是在這禍中未必不是福之將至；而所謂福者，是一般人所喜好的，可是也未必不是禍之將臨。

有隻驢子看到主人精心照料馬，並給他豐富的飼料，想到自己連糠麩都不夠吃，還要做十分繁重的工作，便悲傷地對馬說：「你真幸福！」當戰事爆發時，全副武裝的戰士騎著馬，奔馳於戰場，不顧槍林彈雨，衝鋒陷陣。馬不幸受傷倒下，驢子見到後，不再覺得馬比自己幸福，反而覺得馬真可憐。

倍受照料的馬兒，看來是幸福的好事，誰知災禍臨頭？丟了護照，損失生意、看來是壞事，誰知卻躲過意外？世事難料，不能只看眼前。人們常會抱怨：「事情不順利、到處都吃癟，為什麼我會遇到這種事？為什麼會這麼倒楣？」但你真的能確定那是壞事嗎？不，你永遠料不到事情會如何發展。《塔木德經》中有一則故事：

一位商人賣廢鐵賺了錢，想增加投資，於是到銀行去申請貸款。銀行經理覺得有風險，說不借就不借，商人只好氣呼呼地走了！

兩個月後，這位商人去拜謝他，銀行經理奇怪的問說：「我沒借錢給你，你反而來感謝我，這是怎麼回事？」

這位商人回答說：「廢鐵跌價了，大約跌了一半，就因為你沒有把錢借給我，所以我沒有受到任何損失。」

所以，不要急著論定，也不要譴責，因為你不知道事情為何發生，也不知道它會帶來什麼樣的結果。蘋果公司執行長賈伯斯一定深有所感，他說：如果沒有休學的波折，他不可能創立蘋果電腦；如果沒有被趕出公司的打擊，不會有之後的皮克斯動畫公司……他形容，在遭遇不順遂的當下，他曾覺得那是人生「嚴厲的苦難」，但事過境遷之後，他回想過去，才赫然發現這些「壞事」，竟然是他「人生中遇過最棒的事。」

好事莫驕矜，壞事勿自棄。命運有時只是一個表相而已。現在讓你雀躍不已的事，也許以後會讓你悔不當初；現在讓你覺得不幸的事，也許以後反而會慶幸不已。

話說有個國王與宰相一同打獵，國王在捕抓獵物時，不幸被咬斷一截手指，宰相安慰國王說，少一塊肉總比少一條命來的好，這也許是好事呢！國王聽了，很生氣，以為宰相說風涼話，便把他關進大牢。一日，國王微服私訪到一部落，被一群野人捆綁起來。部落祭司要以國王作祭品，準備把他煮了，因為國王豐潤的身體令祭司滿意。當祭司再認真檢查國王的全身時，發現國王手指缺損，身體不全是祭品的大忌，祭司很惋惜地叫人把國王放掉。

回到皇宮的國王想起宰相的話，對宰相的氣也消了，就把宰相釋放，同時，不忘報復似地回敬宰相一句說：「說我少了一截指頭，確是好事，但你白坐了這麼久的牢，又算什麼好事呢？」

宰相回答說：「是啊！我的坐牢確是好事，否則我必隨您微服私訪，一定也被抓，當您不能成為祭品時，祭品一定就是我了。」國王一聽，無話可說，暗暗敬佩宰相，對他更加重用。

福因禍生，而禍中藏福。如果你能看得長遠，凡事就能處變不驚。

有苦有樂，才是圓滿人生

什麼是最理想的人生？
大師：苦樂參半。

有個人去問一個禪師說：「我們要如何避開冷和熱？」禪師回答說：「嘗盡冷和熱。」

這是很有意思的一則公案，那個問話的人其實要問的是：「我們要如何避開痛苦與快樂。」用冷和熱來隱喻痛苦和快樂，那是禪宗表達的方式，而禪師的回答則是一語道破，要去避開最好的方法就是去面對，去嘗盡冷和熱。因為避免了痛苦，也就無法感受到快樂。

一般人認為，痛苦和快樂是相反詞。這是錯的。苦樂是一體兩面，經常互為因果。若沒有飽受久旱之苦，就無法感受喜逢甘霖；若不是成天陰雨綿綿，就無法感受陽光露臉的欣喜；若沒有凜冽寒冬，就無法享受躺在熱氣蒸騰的浴缸內的舒暢，或是和三五好友圍著一口麻辣鍋的快樂；若沒有吃點苦，就無法感受苦盡甘來的甜美。

從前有一個樵夫要到山上砍柴，路過看到有人在賣香瓜，他想到工作之後會口渴，所以就買了一大袋。

他在尋找樹木的同時，就吃起香瓜來。吃了這個香瓜覺得不甜，又去挑另一個來吃，還是不甜，再挑一個來吃，也是不甜，就這樣，他將所有帶來的香瓜都咬了幾口，覺得都不甜，他好懊惱，怎麼今天買到的香瓜都不甜，只好開始專心的砍柴了。

砍著砍著，到了日正當中，他覺得口很渴，於是撿起剛剛丟在地上被咬過的香瓜，嚐了一口，感覺滿甜的嘛！很快地就將地上被咬過的香瓜逐一撿起來吃完了。

到了黃昏，樵夫砍完了柴回家，遇到那個賣香瓜的，他又買了一袋。辛苦操練、勞動後，即使最簡單的一餐，卻也最美味。為什麼？因為經過長途跋涉，肚子餓的時候，什麼食物吃起來都好吃。

登山之路漫長艱辛，還必須克服天候路況，峰迴路轉。為什麼有人樂此不疲？因為如果山岳可以輕易到達，就不會令人如此嚮往興奮。

許多人希望早點退休，享清福，但若失去目標和挑戰，日子反而無趣。人生太安逸平順，就失去熱情鬥志。當你避開了逆境風險，也將錯過豐富多采。沒有養兒育女的煩惱和負擔，也同時失去天倫之樂。

有位老太太，她覺得整個家都是她在付出，所以對丈夫、兒子的作為總是不滿，經常抱怨東抱怨西，終於有一天，她的丈夫走了，兒子也離開她到異鄉討生活，最後因病客死異鄉，連死前最後一面也沒見到。

老太太哭了好多天，從今而後，她只能孤單一個人面對晚年。

這天佛陀來了，祂問：「你覺得痛苦嗎？」

老太太收起淚，搖搖頭：「痛苦是什麼？我為什麼要痛苦？」

佛陀開口：「你丈夫走了，兒子走了，接下來的日子，你只有孤零零一個人，這樣不苦嗎？」

「不苦。」老太太說。

「那麼，你為什麼哭？」

「因為現在，我已經沒有什麼需要付出和守護，我的痛苦源頭消失了。而我卻在經過這些事之後才明白，以前的苦和現在比起來，根本不算是苦，我卻為了那些微不足道的苦，傷害了丈夫和兒子，讓他們和我一起苦。」

「那你現在想做什麼呢？」

「我要去告訴其他被苦所困的人，沒有苦可以承受的人，才是真正的苦。」

佛陀笑笑之後離去，祂知道老太太覺醒了。

人生要苦樂參半。我們來到世界是為了享受快樂，也是為了感受痛苦。歌德說：「痛苦留給的一切，請細加回味；苦難一經過去，就變為甘美。」就像一杯黑咖啡，唯有經過濃鬱的苦澀才會回甘。「享福」和「受苦」加在一起，才叫「享受」。

本來就不存在，走時也帶不走

失去的東西，有必要追討嗎？
大師：會失去的，本來就不屬於你。

人都是赤手空拳來到世界，到最後也是雙手一攤離開人間，只是過程中有不一樣的因緣際會，因緣聚合也將因緣而各奔東西。《法句經》：「凡聚合的終將分離，升起的必然落下，相遇的也要道別，生命終將以死了結。」

生命就像捧在手裡的水，從擁有生命的那一刻起，無論我們的十指如何拚命的靠攏，如何的小心翼翼，水還是無情地一點一滴的滲透。所有你擁有的一切總有一天都會離開你，只是時間早晚的問題。

在清晨時分綻放的花朵到了傍晚時，也許枯萎凋謝；隨著日出而來的幸福，也許隨著日落而去。

有一則佛教故事：

一個月色朦朧的深夜，在一個靠海的山洞裡，有個老和尚正在盤膝打坐。突然聽到了幾聲哭泣，聲音好像來自山腳下的海邊。

「這麼晚了，到底發生了什麼事呢？」於是，老和尚從蒲團上站起，急忙向海邊奔去。果然，在海邊高高的岩石上，站著一個白色的身影。

就在老和尚即將抓住輕生女子的衣袖之際，那女子縱身一躍，跳進海中。幸好老和尚懂一些水性，幾經掙扎，終於將她救上了岸。

奇怪的是，被老僧救起之後，女子不但不感激，反而一臉的憂傷，埋怨老和尚多管閒事。老和尚問她：「年輕人，你為什麼要選擇輕生呢？」

女人喃喃地說道：「這裡是我的美夢開始的地方，所以也應該在這裡終結……」原來，三年前，就在風景如畫的普陀山，她與一個前來旅遊的年輕人不期而遇，兩個人一見鍾情，喜結連理，並生下一個兒子。然而，一年前她的丈夫發生意外去世。她日夜不停地哭泣，好像天塌下來。但這還不是最後的苦難。讓她痛心不已的是，他們活潑可愛的兒子，也在上個月因病而亡。

「我沒了丈夫，沒了兒子，再也沒有了幸福，活在世上還有什麼意思？」年輕女人泣不成聲，悲痛欲絕。然而，老和尚不但沒有開導她、安慰她，反而放聲大笑：「哈、哈！」女人被莫名其妙地笑愣了，不知不覺停止了哭泣。老和尚笑問：「三年前，就在此地，你有丈夫嗎？」

女人搖搖頭。

「三年前，踏上普陀山時，你有兒子嗎？」女人再次搖頭。

「那麼，你現在不是與三年前一模一樣了嗎？那時，你獨自一人來到島上，是來自殺的嗎？」

女人愣住了。老和尚說：「三年前，你既沒有丈夫，也沒有兒子，一人來到這裡。現在，你與三年前一模一樣，仍是獨自一人。今天，就像三年前那一天的延續，只不過是還原了一個你自己而已。」

認識某人之前，你是自己一個人，在那個人離去之後，你只是回到一個人。你說：「失去了他，叫我如何活下去？」但他還不在時，你不也活得好好的？

莊子在面對自己兒子死亡時，並沒有任何悲傷，旁人看到了，很好奇的問：「難道你兒子死了，你一點都不悲傷嗎？」

莊子淡淡的說：「他沒出生前，我活得好好的，他在的時候，我還是這樣活。現在他走了，只是又回到沒有他的日子，有什麼好難過的？」

戀情吹了，婚姻沒了，事業垮了，錢財沒了，親人走了。仔細想想，在你還沒來到這世上時，這些東西本來就不存在，走的時候也都帶不走，你有失去什麼嗎？

會失去的東西，本來都不屬於你。得到是緣分，失去表示緣盡。一切隨緣吧！

到最後，總數都一樣

你相信上天是公平的嗎？

大師：是的，祂對每個人都一樣不公平。

如果你期待某件東西，你得到了，那是一種快樂。然而相對地，當你失去的時候也會感受到等量的悲傷。你曾經有多少快樂，當你失去就會有多少悲傷。那個總數是一樣的。

談戀愛，你覺得十分開心，當有一天失戀了，就會覺得十分悲傷；有人愛你，你很幸福，那麼當那人離開，就會覺得很不幸；如果對方沒那麼愛你，也就沒有那麼難過。

有人以青春美麗為傲，但年華老去、美貌不再，也將為此所苦；外貌曾帶來極大滿足，之後也將帶來極大失落。如果你活得比身邊親近的人長壽，就必須承受這些人一一離你而去的悲傷。

有人認為有錢人比較快樂，這是錯的。一個窮人用幾百塊就能得到的快樂，等有錢後，可能要花上萬元，甚至百萬元才能得到同等的快樂。當你口味愈重，那些東西的口感就愈差；你錢愈多，那些錢的價值就愈小；當你肚子很餓的時候，給你一顆饅頭那是美味，但當你吃了五顆饅頭，就會食不知味。

錢太多怕被偷、被騙、被綁架；房子太大怕打掃；吃太多怕胖，吃太好又怕死，只能「縮衣節食」。說一則故事：

有一隻狐狸，看見圍牆裡有一株葡萄，枝上結滿了誘人的果實，狐狸垂涎欲滴，牠四處尋找入口，終於發現一個小洞，可是洞太小了，牠的身體無法進入。於是，牠在圍牆外絕食六天，餓瘦了自己，終於穿過了小洞，幸福地吃上了葡萄。可是後來牠發現吃得飽飽的身體，讓牠無法鑽到圍牆外，於是，又絕食六天，再次餓瘦了身體。

鼴鼠是一種寄居在下水道的老鼠。一隻在大河附近，天天飲滔滔江水的鼴鼠，和一隻在下水道飲水的鼴鼠，並沒有兩樣。事實上，一隻小鼴鼠的腹中又容納得了多少水？

即使我們擁有了全世界，我們也只能日食三餐，夜寐一床。就算你擁有一百張床，也只能睡一張床；擁有一千雙鞋，也只能穿一雙；可以點上一百道菜，但你能吃多少？最多就只能撐飽一個胃。

人來到世界是來體驗的，每個人的財富地位或許有高低之分，但對快樂和幸福的體會並沒高低之別。只是有錢人的快樂比較複雜，窮人快樂比較單純，就只是這點差別。

富有的人擁有較好的食物，但食欲卻變差；有舒適的床，卻得了失眠症；反觀流浪漢，隨便都吃得津津有味，隨處都可以睡。如果你能夠就整體來看，那個總數都是一樣的。

《莊子．齊物論》中記載，戰國時候，宋國有個狙公，他在家裏的院子養了許多猴子。日子一久，狙公和猴子竟然能溝通說話。這位狙公每天早晚都分別給每隻猴子四顆栗子。幾年後，狙公的積蓄眼看要花完了，他就和猴子們商量說：「今天開始，我每天早上給你們三顆栗子，晚上還是照常給四顆栗子，不知你們是否同意呢？」猴子一聽要減少他們的食物，一個個又跳又叫地大吵大鬧，很不高興。狙公一看連忙改口說：「那麼我早上給你們四顆，晚上再給三顆，這總該可以了吧？」猴子聽說早上的栗子已經增加了，以為是一切照常，就高興地在地上翻滾起來。

「朝三暮四」與「朝四暮三」其實是一樣的，只是因為猴子只看事物的表象。有人先得後失，有人先失後得。如果你拉長時間，所有悲喜與苦樂，那個數字將會是一樣的。失去是必然的結果，不管你得到什麼，失去是早已注定的。在死亡當中，沒有富人或窮人之分，不會說有錢人死的比較舒服，窮人死的比較痛苦。死亡會讓一切都變得公平。

擁有愈多的人，失去愈多，也愈痛苦；沒有得到的人，也就不會因失去而痛苦。

充實地過活，快樂地死去

PART 9

沒有下不完的雨

我的情緒總是起起伏伏，如何讓心靈得到真正平靜？

大師：不要對生命起起落落太在意。

人生起起落落，本是常態；月圓月缺，花開花謝；幸福會來，不幸也會來；曾經讓你快樂的後來可能成為你的痛苦；曾經你覺得嚴重，覺得難過的，如今已雲淡風輕；曾經你無法忍受，無法釋懷的，早成了過眼雲煙。所有狀況都是暫時，沒有什麼是永遠不變的。

就像一個轉動的輪圈，輪子上面會繞下來，下面不久會繞到上面。快樂之後痛苦接踵而來，痛苦之後很快過去又是快樂。輪圈代表生活中發生的各個事件，當我們看著輪圈向下，往往視野受到侷限。隨著輪圈向前轉動，我們的視野只能朝下看到地面，卻無法看到輪子另一側爬升的景象。事實上，高峰與低谷是相連的，無論苦樂都在裡面循環著。

回個頭，看看你的人生，從出生到現在，你經歷哀傷，歡度快樂時光，也嚐過酸甜苦辣，然後呢？一切都過去了。

或許你曾比賽勝出或落敗，擁有或失去愛人，取得或未取得一個升遷，通過或未通過一個考試；你遇到大大小小的坎，經歷許許多多不如意……不管多少個曾經。也都過去了，不是嗎？

未來會如何？隔幾天，會變得怎麼樣？你最多不過是笑笑跳跳，要不然就是傷心流淚，那又如何？這也都會過去的。生命的遭遇猶如水中的浮草、木葉、花瓣，終究會在時間的河流中漂到遠方。但沒有什麼是過不去的。

試著回憶起去年的這個時刻，你在煩惱什麼？你在擔憂什麼？多半記不起來了，對不對？

回想最辛苦的那段時間，最害怕的那個時候，你不也走過來了？

現在，就在此刻，不管你是喜也好，悲也罷，此事亦將會過去。日子縱使時而有陰影遮掩，煙塵蒙蔽，然而愁霧散去，又將是清澈明亮，雨過天晴。

有一則廣為流傳的故事。

有位國王飽受情緒劇烈起伏之苦，求助於智者，問：「我要怎麼樣才能獲得內在的平安與平靜呢？」

一個月以後，智者將禮物送來了。是一個樸質的金戒指，上面刻了一行字：「這個也會過去」。

智者對國王說：「生氣的時候，摸著這行字，默默念給自己聽。憂傷的時候，摸著這行字，默默念給自己聽。開心的時候，快樂的時候，得意的時候；同樣摸著這行字，念給自己聽。」

既知每樣事情都是短暫無常的。便曉得苦不會是永遠的苦，樂也不會是永遠的樂，都只是暫時的現象。就因為短暫，平常就該珍惜感恩，而當無常到來也能以平常心看待。對生命中一時的得失、成敗、順逆、榮辱，不必太認真、太執著、太計較。

看看花開花落，或許感傷，但我們知道不久花兒一樣會綻放。沒有無盡的黑夜，也沒有下不完的雨。當天很黑的時候，白天就要來臨；當寒冬來臨，春天就不遠；當你感到痛苦的時候，其實痛苦已經要過了。

人生多體驗，一生不白活

死了萬般帶不走，那麼，人生到底為什麼？
大師：為了體驗人生。

人這一輩子，無非就是個過程。要不然，明知都要死，為什麼還活著？明知努力一輩子，到頭來什麼都帶不走，為什麼還努力？結果不是重點，重要的是：「你在中間經歷了什麼」。

體驗過程才是我們此生的目的。因此，盡量地去體驗，每一個關係、每一個遭遇，每一條道路，都會幫助我們開闊眼界，積累見識；每一段悲、歡、離、合；喜、怒、哀、樂，都是幫我們豐富人生，不斷地成熟和成長。

話說有位很窮的年輕人出去工作。路上，他撿到了一個神奇的葫蘆。「如果我現在能立刻變得有錢，那該多好！」沒想到他才剛那麼想，他就有了很多很多的錢。

這時候他又想起了自己心愛的女朋友，「如果她能馬上成為我的妻子該有多好！」女友果然就成了他的妻子。

「我有那麼多錢，我不想再等了。我現在就希望有很多孩子可以繼承我的產業。」於是他也有了很多孩子。

所有的過程都被簡化了，他立刻就能擁有想要的一切。年輕人，喔！不，確切地說，他現在已經是老頭子了，他捧著那個神奇的葫蘆，哭了起來。「請求你讓我變回原來的樣子吧。我還是想每天工作，晚上瞞著她的父母偷偷地約我的女朋友出門，牽著她的手在樹林裡散步……天啊！還是讓這一切慢慢來吧！」

想像一下，你走進一輩子只能進去一次的遊樂場，你打算怎麼度過？是不是會玩遍每一項遊樂設施，嘗遍每一種特色小吃，欣賞不同的表演，挑戰你害怕的……夕陽西下，離開遊樂場的時候，你沒有遺憾，因為你已經嘗試了各種體驗。

許多人都希望一生平安順利，安穩無災，然而過了幾十年，還是一片空白，沒有什麼特別的記憶，感覺上也等於沒活過。有些人或許經歷一段艱熬，但刻骨銘心，時時咀嚼回味，不是等於多活了幾十年？

你擁有一項世間無人擁有的東西：你自己的親身經歷。不管它是悲喜或苦樂，不論高低起伏或是崎嶇不平，這些體驗都是獨一無二，盡情享受沿途風光，多豐富記憶和精彩回憶，這就是「你的一生」。

引自同源山（Mt. Analogue）：

你不能永遠留在山頂，總得再度下來。

那麼當初何須麻煩？
只因低處看不到高處的美景，
而在高處可以知道低處的一切。
所以人才需要往上爬，往遠處看。
一個人下了山，再看不到遠景，
但他已看過。
憑著高處見過的記憶，一個人在低處也能形成管理自己的藝術。
當一個人再也看不見時，
至少他仍然知道。
知道我們終究無法擁有任何東西，只能擁有經歷；我們帶不走任何東西，唯一剩下的是過程。領悟這一點的人，就會明白，沒有所謂失去，也沒有所謂失敗，只是經驗罷了。悲傷，會隨著時間變記憶；痛苦，也會成為很美的回憶。多去體驗人生，別讓自己白活了。

學習一個人，單獨不孤獨

獨自一個人不會感到孤獨嗎？
大師：單獨並不孤獨。

人出生時就一個人來，離世也是一個人走，單獨是生命本然的現象。你可以結交朋友、找情人或混在人群當中，但是你仍是單獨的。你的父母、小孩、伴侶、同學、同事、朋友……所有人都是過客，當生命的列車不斷向前，車上的人一個個下車，最終還是一個人的旅程。

學習獨處就是認識真相，每個人都是獨立的個體，不該依附誰來過生活，或是非得有誰在身邊不可。單獨與孤獨不同，孤獨是你受不了獨自一個人，單獨是享受一個人的自在。學會了獨處就不怕孤單。

年輕時我喜歡熱鬧，週末沒朋友邀約便覺得無聊、待在家裡覺得無趣，我真正獨處是出國讀書時，經歷了茫然和寂寞，漸漸地，才學會了一個人吃飯、一個人逛街、一個人看展覽、甚至一個人去旅行也可以很愜意。說也奇怪，此後，我不再怕一個人，不怕沒人陪伴。

以前只要一獨處，過不了半小時就抓起電話猛找人聊天或打開電視湊熱鬧，現在覺得靜靜一個人也不錯。朋友聚在一起，很棒，一段時間沒連絡，也沒關係。有人陪伴很好，沒有也可以，因為自己一個人也可以過得很好。

我有個師母，八十幾歲了，一個人住在山裡。有一次我問她如何排遣生活。她說：「自得其樂！」最近幾個人相約去拜訪她，才深切體認到她這句話的含意。看到她幾年來繪畫的作品，簡直可以舉辦個展。

休閒之餘，就在院子修剪花木、種菜，菜吃不完就分送給鄰居與親朋好友。她非常享受自己所做的事，並樂於分享。去年她獨自出國旅行，在回程時還跟我們一起聚餐。從她燦爛的笑容，突然對「老人」「寂寞」「喪偶」等悲情和負面印象全然改觀，獨居一樣可以活得相當精采自在。

詩人惠特曼說：我慶祝我自己，我歌唱我自己。那歌唱不是因為別人，那慶祝是為了自己。如果有人來到他的身邊，很好；如果有人離開了，也沒關係；他不在迷戀別人，而是跟自己談戀愛，這即是單獨之美——與自己譜出美麗的詩篇。

許多人際關係的書會教大家如何跟別人相處，其實只有懂得如何跟自己相處，才能與別人好好的相處。一個人能獨處，才能真正面對自己，知道自己的真實感受，不致迷失在關係之中。單獨一個人，勝過兩個人將就。當學會安於一個人，不依賴別人，那麼面對任何關係，便能來去自在。

人生，到最後都是一個人。就算你子孫成群，享受眾人對你的敬仰，跟隨著你，最後終究也會獨自一個人……早點學會一個人面對世界，一個人生活，便能享受單獨而不再孤獨。

面對死亡，學會生活

如何一生無怨、無悔、無憾？
大師：把每天都當成最後一天來過。

人們很容易遺忘生死，而醉生夢死，常常到人生終點，才發現自己未曾真正活過。那什麼是真正的活著？

向死而生，是我能想到的，最有意義的活法。在腫瘤科，常看到一些來日無多，但病人不放棄希望；在精神科有許多來日方長，卻不抱任何希望的病人。我常想，假如他們的處境能對調一下，結果必定大不同。

當一個人知道自己快死了，人生觀和看事情的角度當下就轉變。他不會到處鬼混，因為沒有無限期的明天，他會去做自己最想做的事，表達隱藏在心中的情感，對所愛的人表現更多關愛。

一旦知道自己來日不多，他不會再貪婪，追求更多東西，因為已經沒有意義了。如果明天就要離開，他會開始打包行李，不會去掛念飯店裡的房間。當準備和人生告別，他自動會放下那些煩憂、仇恨，他不會把時間浪費在和人爭鬥，而是會更積極地把握當下每一刻。

有位朋友，在一次手術時心臟突然停掉，在他起死回生之後。他突然開竅了——不再汲汲營營，不再凡事匆忙，也開始懂得關心家人和身旁的人。他彷彿重生一般。他告訴我：有一天他坐在窗戶邊的椅子上，一陣微風吹進來。忽然間，他覺得自己生命中第一次感受到微風吹拂過肌膚的穿透力，這是以前從未過的體驗。

我也聽過許多病人，在未生病之前，往往不知道自己要什麼。直到被診斷癌症或重症末期，才開始正視生活。把剩餘的時間留給自己喜愛的事物上，從一成不變的日子，變成了鮮活的生命。

真是奇怪，為什麼知道了大限，我們對生命的價值和選擇的生活，會如此不同？因為一直以來，我們過的並不是自己想過的人生。

在《早安越南》這部影片，愛德華．高立克（羅賓．威廉斯飾演）說過的一段話，讓我至今仍印象深刻……

「我差點就沒命了！我從腳踏車上摔下來，只差幾英吋鼻子就被卡車給壓扁。當我躺在地上的時候，這一生的點點滴滴在我眼前一閃而過。而你知道最讓我感到害怕的是什麼嗎？我看到我的人生竟然是這麼的無趣！」

是該有人提醒我們隨時做好準備，因為死亡並不像我們想像中那麼遙遠，死亡並不是到最後才發生，它已經發生。一場大病會讓人體驗到生命的脆弱；一件意外會使人發現到生死竟在咫尺；醫師宣告還剩下幾個月的病人更會了解，不論你願不願意，你都必須面對。

想為死亡做準備的最好方法就是「死前先死過」（die before you die）。每天早晨醒來，問自己：「如果我今晚死了，我會後悔今天什麼事沒做嗎？」

如果懷疑自己該做什麼時，只需問這個問題，「假設我將要死去，我會怎麼做？」然後你便能清楚地知道自己該怎麼做。

你可以寫下生命清單和遺產清單。前者確立生時想創造的願景——列出死前要做的事，然後一一完成。後者則是企望在世上留下什麼——這輩子結束時，希望後人記得我是怎樣一個人？我是否留下典範？會留在誰的記憶裡？

常練習「面對死亡」，就能弄清楚自己的人生；每個人若能以人生最終願景為依歸，那將是最圓滿的一生。如果把每天都當成最後一天來過，人生必定無悔、無怨、無憾。

人啊！不要等到最後才領悟

對世人有什麼忠告？
大師：人生太短，別明白太晚！

有位記者夢見上帝，由於專業的敏銳性，馬上抓住機會請求上帝讓他採訪一下，上帝特准了。記者想出一個特別的問題。

「人類有哪些事最令祢驚訝？」

上帝回答說：「人在小的時候常常盼望自己趕快長大，但等到長大之後，卻渴望返老還童。他們在年輕時常常像拚命三郎，用健康換取金錢，等到年紀大了，卻用金錢來換取健康。他們活著的時候好像從不會死去，但死的時候卻好像沒有活過。」

記者接著問：「祢有什麼想提醒人們的？」

上帝微笑答道：

「他們應該知道，強迫別人愛他們是不可能的，唯一能辦到的只是讓自己被愛。

他們應該知道，最要緊的是照顧好自己，不是討好他人。

他們應該知道，一生最有價值的，不是擁有什麼東西，而是擁有什麼人。

他們應該知道，富有並非擁有最多，而是需要最少。

他們應該知道，要讓人心靈受傷只要幾秒鐘，但療傷卻需要好幾年，甚至更長。

他們應該知道，兩個人看同一事物，見解會不同。

他們應該知道，有些人很愛他們，只是不知道如何表達。

他們應該知道，得到別人寬恕是不夠的，自己也必須饒恕自己。

他們應該知道，我始終存在。」

一句瑞典格言說：「我們老得太快，卻聰明得太遲。」不管你是否察覺，生命都一直在前進，千萬別等到最後才領悟。

我無法教大家如何生活，也沒什麼特效的秘方；但有一些非常簡單的人生哲學，是我在旅途中體會出來的。它們讓我明白自己要的是什麼，讓我的人生變得更幸福圓滿。與大家分享：

要在複雜人生走出自己的簡單旅程。

要對自己誠實，並接受事實。

要得到孩子愛戴，伴侶的敬重。

要做自己的主人，當別人的貴人。

要去發現美的事物，在別人身上找出優點。

要經常微笑，保持好心情。

要活在當下，不再把現在的幸福拖到未來。
要留給世界一些好的東西。
不論是一個有教養的小孩，寫一本書，種一棵樹，
或是改善社會，幫助他人，即使只有一個人，因你的存在而美好，
也值得。

要充實地過活，快樂地死去，一生沒白活。

高寶書版集團
gobooks.com.tw

HL 067
人生苦短，把日子過好最重要

作　　者　何權峰
主　　編　吳珮旻
校　　對　賴芯葳
封面提字　張莎凌
封面設計　我我設計工作室
內頁排版　趙小芳
企　　畫　荊晟庭

發 行 人　朱凱蕾
出　　版　英屬維京群島商高寶國際有限公司台灣分公司
　　　　　Global Group Holdings, Ltd.
地　　址　台北市內湖區洲子街 88 號 3 樓
網　　址　gobooks.com.tw
電　　話　(02) 27992788
電　　郵　readers@gobooks.com.tw（讀者服務部）
　　　　　pr@gobooks.com.tw（公關諮詢部）
傳　　真　出版部 (02) 27990909　行銷部 (02) 27993088
郵政劃撥　19394552
戶　　名　英屬維京群島商高寶國際有限公司台灣分公司
發　　行　希代多媒體書版股份有限公司 /Printed in Taiwan
初版日期：2017 年 7 月

國家圖書館出版品預行編目 (CIP) 資料

人生苦短，把日子過好最重要 / 何權峰著 .
-- 初版 . -- 臺北市 : 高寶國際出版 :
希代多媒體發行 , 2017.07
面；　公分 . -- (生活勵志 ; HL067)

ISBN 978-986-361-433-3(平裝)

1. 人生哲學　2. 生活指導

191.9　　106011129